INDENIZAÇÃO POR LESÃO MORAL E PREJUÍZO MATERIAL

Ficha Catalográfica elaborada por
Lúcia Helena G. M. Caetano
CRB 8/4690

Ribeiro; Edson
R369i Indenização por lesão moral e prejuízo material
São Paulo : Liv. e Ed. Universitária de Direito,
2003.

ISBN 85-7456-147-9

2.   Dano Moral - indenização 2. Responsabilidade
civil 3. Responsabilidade penal I. Título

CDD—347.077

Índices para catálogo sistemático:

1. Direito civil: responsabilidade: indenização
2. Dano Moral: responsabilidade
3. Prejuízo material: responsabilidade

Edson Ribeiro

INDENIZAÇÃO POR LESÃO MORAL E PREJUÍZO MATERIAL

LIVRARIA E EDITORA UNIVERSITÁRIA DE DIREITO LTDA.

Rua Santo Amaro, 586 - Bela Vista
Fone: 3105-6374 - 3104-0317 São Paulo - CEP 01315-000

2003

Capa e Diagramação:
Paulo Sérgio G. Alves

Revisão:
Edson Ribeiro

Departamento Editorial:
Armando dos Santos Mesquita Martins

Proibida a reprodução total ou parcial desta obra, por qualquer meio eletrônico, mecânico, inclusive por processo xerográfico, sem permissão expressa do Editor (Lei nº 5.988, de 14.12.73, e Lei nº 9.610, de 19.02.98).

Todos os direitos desta publicação reservados à

LIVRARIA E EDITORA UNIVERSITÁRIA DE DIREITO LTDA.

Rua Santo Amaro, 586 - Bela Vista
Fone: 3105-6374 - 3104-0317 São Paulo - CEP 01315-000

2003

Democracia. "Regime constitucional em governo eleito pelo povo, que sobre a base dos valores da liberdade e da igualdade assegura aos cidadãos o direito de criticar e fiscalizar os agentes das instituições, como realização dos direitos fundamentais, econômicos e sociais conquistados no decorrer de sua história de lutas e sacrifícios contra desmandos e privilégios acintosos às desigualdades sociais".

Edson Ribeiro

À guisa de prefácio

Meu ex-aluno, o dedicadíssimo estudioso do Direito e cidadão de vasta importância EDSON RIBEIRO trouxe este forte e corajoso trabalho de reflexão jurídica para que eu soubesse como estava travando lutas intelectuais e perquirindo caminhos filosóficos no campo jurídico.

Ao ler o seu livro, senti perfeitamente que ele, além de estar atento aos elementos do encargo criterioso da fidelidade ao "verum", na invocativa do conselho de VICO, também escreveu com a preocupação de chegar ao "certum", sem dúvida para demonstrar com força e entusiasmo de advogado inquieto e laborioso que, nesta obra, buscou persistentemente colocar-se na senda, mesmo desafiante, que o vincula aos valores de "recr", reflexão pessoal sobre a melhor exposição doutrinária, como já recomendara, sabiamente, PÍNDARO.

O seu tema é de uma modernidade inigualável e abriga compassos abstratos e imateriais com elementos do pragmatismo concreto e objetivo. Sem dúvida, o meu amigo soube investir por interiores e por orlas do conhecimento jurídico, insistindo em levantar abrigos e cobertura para os despojados de respeito na ordem e na seqüência sociais. Ele, nesta obra que poderia ficar inutilizada e inaproveitada se apenas suas convicções restassem escritas em memoriais e razões, juntados a autos findos ou não, decidiu publicar e divulgar o que pensa, sem hesitação alguma, para preocupar e incentivar jovens que amem o discurso jurídico e sejam capazes de prolongar suas argumentações e convicções, mesmo com oposições fundamentais.

Vale muito abrir caminhos e permitir trânsito a idealistas como EDSON RIBEIRO nas grandes e vastas latitudes do Direito contemporâneo, desde que DILTHEY reformulou os confrontos básicos dos sonhadores do presencismo. Ele está sendo um heróico competidor nas planícies das idéias, principalmente quando, esforça-se para registrar posicionamentos filosóficos e não meras efervescências ideológicas.

Sem dúvida, cedo ao autor desta obra a minha admiração intelectual e desejo-lhe reconhecimento do universo jurídico.

Naylor Salles Gontijo

Varginha, 7.11.2001

APRESENTAÇÃO

Neste trabalho, que ora submeto à apreciação da classe que milita na área jurídica, por tratar, em grande parte, da questão moral e ética, ocorreu-me fazer esta apresentação, lembrando que após distantes tantos anos dos discursos de Rui Barbosa e Nelson de Souza Sampaio, entre outros luminares da cultura jurídica pátria, ainda continuamos assistindo cada vez mais escandalosamente a falta moral e ética dos membros das nossas instituições, por conta das denúncias constantemente vindas a público pela imprensa, porque, o que a censura em outros tempos escondia a liberdade de imprensa hoje escancara.

Expondo o perfil do judiciário brasileiro no que respeita às mazelas (corrupção) nele incrustadas e que assolam a sociedade e produzem sua descrença e desesperança, mostra à sociedade que os que deveriam ser o celeiro da moral e ética, o sustentáculo da sociedade na distribuição da justiça sem facciosismo e interesses, mostra-se envolvidos até com venda de sentenças e habeas-corpus para bandidos com participação de advogados de mesmo nível.

Diga-se o mesmo dos nossos políticos, que também mais cuidam de seus próprios bolsos, escarnecendo a sociedade com os bolsões de probreza em todos os Estados, o crime organizado infiltrado nas instituições e assumindo o comando dos Poderes Públicos, com os seus membros exigindo e obtendo tudo o que querem, até a presença de autoridades do executivo e do judiciário para negociarem suas reivindicações e exigirem garantia de vida, "que o cidadão comum não tem", quando não determinando o fechamento do comércio, bancos e escolas, em sinal de luto por morte de traficantes, enquanto a sociedade que trabalha e produz continua inteiramente desprotegida.

Copiando Euclides da Cunha (Contrastes e Confrontos p. 176), "políticos tortuosos e solertes que fazem da política um meio de existência e suprem com esperteza criminosa a superioridade de pensar".

Por conta de tal inversão de valores, "cujos debates vazios são a tônica de seus discursos como se disputando uma vaga em qualquer cargo público como meio de sobrevivência", é que as elites políticas deste País caíram, em 2003, com a eleição de um operário-metalúrgico para a Presidência da República, que para o cargo ocupado pode ser considerado iletrado, mas com uma coragem jamais vista fez ainda mais veementemente o que antes fizera o Senador Antônio Carlos Magalhães.

De público e peito aberto o Presidente Luiz Inácio Lula da Silva lançou-se contra a caixa preta do judiciário, onde são escondidas suas mazelas em todos os níveis por julgarem-se intocáveis seus componentes, "como disse o presidente", com propriedade, que ainda defendeu com veemência o controle externo do judiciário pela sociedade para romper com a intocabilidade dos seus membros (**Estadão, 23.04.03**).

Também numa inversão de valores, os repugnantes arautos dos direitos humanos simplesmente esquecem a moral e a ética em favor da vítimas indefesas, para bradá-los em favor de bandidos que dilaceram vidas impiedosamente, que continuam impunes, bem alimentados, sorrindo e zombando de tudo e todos diante das Câmeras de Televisão, **com advogados comprados pelo crime organizado**.

Assim é que a sociedade assiste, indefesa, de um lado, aos políticos de fora do poder, sempre prontos e erguerem seus palanques e se utilizarem de tal cenário para seus discursos, comuns a todos, e que todos conhecemos, ou para chegarem ao poder, nele se manterem ou a ele voltarem, ainda que comprando votos com dinheiro vivo ou meios outros de aliciamento de eleitor, e, de outro, os que estão no poder, embora nababescamente pagos e enriquecidos com suas negociatas escusas e privilégios indecorosos, permanecem negligentes e insensíveis diante dos bolsões de pobreza em todos os Estados, e, comprometidos ou acobardados, também vociferam discursos eleitoreiros e estéreis em seus palanques, como se a sociedade que produz fosse composta de debilóides.

Mas não é só!

Ao lado de tais escândalos, há ainda o da Previdência Pública, principal sangradouro dos cofres públicos, em que quatro milhões de aposentados do executivo e do judiciário, sem contar os servidores civis do Legislativo, Ministério Público e os Militares, produziram em 2002 um rombo da ordem R$ 74 bilhões, subsidiados pelo tesouro (leia-se pelos contribuintes), com emissão de títulos e conseqüente endividamento público, tendo em vista receberem, quando se aposentam, aposentadorias por valores superiores ao que recebiam na ativa, ou seja, por valores que jamais contribuíram, por conta dos inúmeros privilégios incorporados ao salário no momento da aposentadoria, que chegam ao absurdo de receberem R$ 53.000,00, "como dito pelo próprio presidente em discurso", gerando uma situação fiscal catastrófica, enquanto 19,5 milhões de aposentados do setor privado exigiram um subsídio de R$ 13 bilhões.

Tal disparidade de tratamento deve-se as leis objetivamente feitas para criarem privilégios e permitirem, por exemplo, que os funcionários públicos se aposentem, em média, com 53 anos, os homens, e 48 anos, as mulheres, com o último salário recebido quando em atividade – menos a contribuição previdenciária, o que leva à esdrúxula situação de o aposentado receber salário líquido maior que o funcionário da ativa – e direito aos reajustes salariais recebidos por quem trabalha, além de tais aposentadorias serem, mais tarde, transformadas em pensão para companheiros e dependentes, enquanto no setor privado o homem se aposenta, em média, aos 60 anos e a mulher, aos 55, não podendo receber mais de dez (10) salários, calculados pela média dos três (3) últimos anos de contribuição, já aí sofrendo defasagem no seu valor, o que configura uma situação socialmente iníqua, fabricada pelos constituintes de 1988, que privatizaram o Estado brasileiro, tomando dinheiro de quem trabalha, produz e consome na economia real e o dando de mão beijada a si mesmos, parentes, amigos, correligionários e apaniguados. Além das duplas, ou triplas aposentadorias, como se, diferentes dos cidadãos comuns, tivessem diversas vidas.

É preciso que se ressalte, que todas as vezes que o presidente Fernando Henrique Cardoso tentou corrigir essa desigualdade flagrante foi apedrejado pelos 'gigolôs dos aposentados do setor privado e sanguessugas dos cofres públicos', que o derrotaram em todas as batalhas no Congresso, porque a extinção dos privilégios desta casta e seu peso no bolso do contribuinte feriria seus próprios privilégios e os do funcionalismo público como um todo.

Edson Ribeiro

ÍNDICE

CAPÍTULO I
ATRIBUTOS INTRÍNSECOS E EXTRÍNSECOS DA PESSOA

1. Atributos Intrínsecos e Extrinsecos da Pessoa 17
2. Distinção entre Moral Subjetiva e Moral Objetiva para efeito compensatório 20

CAPÍTULO II
MORAL E ÉTICA

Moral e Ética 33

CAPÍTULO III
ÉTICA E OBRIGAÇÃO CONTRATUAL NA ADVOCACIA E NA MEDICINA

a) O advogado no mundo jurídico 43
b) Responsabilidade Ética da OAB e do Advogado 50
   Oração do advogado 52
c) O médico no mundo jurídico 56

CAPÍTULO IV
OBRIGAÇÕES DE DILIGÊNCIA E DE RESULTADO DO ADVOGADO E DO MÉDICO

1. Obrigações de Diligência 61
2. Obrigações de Resultado 63

Índice

CAPÍTULO V
ÉTICA NO JORNALISMO

Ética no Jornalismo 65

CAPÍTULO VI
INDENIZAÇÃO POR LESÃO A DIREITOS PERSONALÍSSIMOS

Indenização por Lesão à Direitos Personalíssimos 69

CAPÍTULO VII
A LIBERDADE COMO VALOR IGUALITÁRIO

A Liberdade como Valor Igualitário 77

CAPÍTULO VIII
USO INDEVIDO DA IMAGEM DO MORTO

Uso Indevido da Imagem do Morto 81

CAPÍTULO IX
INTERESSE MORAL E MATERIAL PARA EFEITO INDENIZATÓRIO

Interesse Moral e Material para Efeito Indenizatório 83

CAPÍTULO X
INTERESSE DE AGIR E DIREITO SUBSTANTIVO INDIVIDUAL

Interesse de Agir e Direito Substantivo Individual 87

CAPÍTULO XI
INTERESSE A TERCEIROS POR HOMICÍDIO

Indenização a terceiros por homicídio 93

CAPÍTULO XII
LESÃO BIOLÓGICA E ESTÉTICA INDENIZÁVEIS

Lesão Biológica e Estética Indenizáveis 99
Lesão Estética 103

CAPÍTULO XIII
INDENIZAÇÃO POR LESÃO MORAL NOS CRIMES CONTRA HONRA

Indenização por Lesão Moral nos Crimes contra Honra 109

CAPÍTULO XIV
REPUTAÇÃO DA PESSOA JURÍDICA

Reputação da Pessoa Jurídica 123

CAPÍTULO XV
DECADÊNCIA DO DIREITO A TUTELA JURÍDICA

Decadência do Direito a Tutela Jurídica 129

CAPÍTULO XVI
ANALOGIA E APLICAÇÃO EXTENSIVA DA LEI DENTRO DA ÉTICA

Analogia e Aplicação Extensiva da Lei dentro da Ética 133

CAPÍTULO XVII
TEORIA DOS OBJETOS NO CAMPO DA ÉTICA

Teoria dos Objetos no Campo da Ética 143

CAPÍTULO XVIII
ÉTICA NA TEORIA DA CONCREÇÃO

Ética na Teoria da Concreção 149

CAPÍTULO XIX
AUSÊNCIA MORAL E ÉTICA NAS INSTITUIÇÕES

Ausência Moral e Ética nas Instituições 155

a) Ausência no judiciário 155

b) Ausência no Executivo e Legislativo 166

BIBLIOGRAFIA

Bibliografia 175

CAPÍTULO I

ATRIBUTOS INTRÍNSECOS E EXTRÍNSECOS DA PESSOA

1 – Ao tratarmos dos **atributos intrínsecos** da pessoa humana, e da Indenização por sua Violação, ou seja, violação dos componentes físicos do sujeito como pessoa, como indivíduo tomado em seu aspecto biológico, físico-individual, referindo-se ao ser mesmo do homem na sua integridade física, **seu corpo, seus membros, sua liberdade, suas convicções e afeições, seu sentido estético, seu psiquismo** (fenômenos conscientes ou inconscientes harmônicos percebidos pelos sentidos no indivíduo), **vida privada, sobrevivência,** não falamos de outra coisa senão de direitos personalíssimos e, porque inatos, não dizem respeito senão aos Direitos Naturais, exercitados como algo intrínseco à sua natureza humana, interação e condição de cidadania; são a medula da personalidade do sujeito em seu sentido filosófico de individualidade e auto-identificação, realizáveis no ordenamento jurídico como atributos ou qualidades da pessoa tal como existe, em sua dimensão física, mental e emocional, devendo ser considerados e protegidos pelo Estado como absolutos, irrenunciáveis e intransmissíveis, por ser seu dever fundamental a garantia do cidadão, vista aí, necessariamente, dentro de um conceito universal e indivisível dos direitos humanos, a exemplo da Declaração Universal dos Direitos Humanos, e "só se extingue com a morte" (Mors omnia solvit – A morte tudo absolve. A morte tudo solve).

Junto dos atributos intrínsecos estão os **extrínsecos**. Ou seja, **auto-respeito, autocrítica, respeito aos outros, pudor, virtude, honestidade, auto-estima, idoneidade e probidade,** componentes do **casulo da moral** (prefere o autor deste trabalho a expressão **moral** no lugar de honra), "aquela moral **subjetiva** que, voltada para os bons costumes, se materializa como norma de comportamento pessoal na vida de relação, no mundo do viver comum, onde devem nascer e prosperar a auto-estima de cada cidadão, pela conquista de valores morais e éticos, por formas diversas e espaços também diversos, como supremo valor da sua existência, diante de objetos e circunstâncias que a vida lhe serve no dia-a-dia, propiciando-lhe tranqüilidade, bem-viver e harmonia espiritual", que possibilitam a avaliação do comportamento moral e ético em relação a terceiros, conquistando também a **moral objetiva,** de acepção mais ampla, sociológica, significando a reputação que o conduz ao merecimento do respeito no contexto de um relacionamento social mais amplo. Portanto, uma lesão moral diz respeito a uma ofensa à dignidade da pessoa no contexto de seus atributos intrínsecos e extrínsecos.

Os atributos intrínsecos e extrínsecos são, em realidade, pressupostos da dignidade da pessoa quando se tem em vista a existência de muitos e muitos outros direitos conferidos pela organização social.

O homem, este Ser total porque espírito composto de matéria (existência), **ego e mente (faculdade intelectiva)**, sente sempre dentro de si a presença de algo que está acima dele, acima da sua materialidade. Tendo como alicerce a forma (corpo), que lhe dá realidade física para excitações e desafios em face do desconhecido, enfrentando a escuridão, buscando a luz e afugentando o frio, tem no pensamento (fato mais imediato e último mistério da sua natureza) a projeção da sua intuição – a idéia –, que se realiza na mais variada forma de linguagem, tendo-se em conta que ego, eu, alma, mente consciente são expressões que se equivalem, pois referem-se ao mesmo atributo: individualidade e auto-identificação, "componentes da personalidade", para surgir, então, um Ser independente, com discernimento de valores e priorizações a conferir significado à complexidade da sua existência, porque o homem não está inteiramente à mercê da hereditariedade e do seu meio, eis que cada ser humano nasce com algo novo, algo que jamais existiu antes.

Indenização por Lesão Moral e Prejuízo Material

Emanuel Kant, em sua "Crítica da Razão Prática", escreve em 1781: "O espírito humano não somente é legislador no mundo dos fenômenos, mediante a organização teórica, científica da experiência, isto é, mediante a síntese *a priori* que opera sobre o material das sensações, mas é também legislador no mundo noumênico, absoluto, porquanto a sua razão prática é criadora dos supremos valores morais. E se a atividade teórica do espírito humano, criadora do mundo fenomenal, podia deixar lugar a Deus no mundo noumênico, isto não é mais possível quando se afirma que também no mundo noumênico, absoluto, o legislador, o criador dos supremos valores morais, é o espírito humano"[1].

Desses valores é direito personalíssimo de cada cidadão a preservação do seu casulo, mantendo a incolumidade dos atributos intrínsecos e extrínsecos da sua personalidade contra ações ilícitas ou moléstias de outrem cujo rompimento parcial ou total do seu equilíbrio psíco-emocional produz conseqüências mais ou menos graves, **por afetação dos atributos extrínsecos**. Por tais razões, para justificar pretensão indenizatória apenas por lesão moral, sem reflexos materiais, deve haver afetação do psiquismo do ofendido com modificação de comportamento nas suas atividades normais, ou, ainda de outra forma, com afetação de sua imagem perante a comunidade local.

Ninguém pode molestar uma pessoa a seu bel-prazer, ultrajando-lhe a dignidade, devendo a resposta do Direito ser imediata, pois "justiça atrasada não é justiça, senão injustiça qualificada e manifesta" (trecho da Oração aos Moços de Rui Barbosa).

O respeito à pessoa humana é o móvel do Direito no mundo do viver comum, não mais sendo aceitável afirmar-se que a indenização por lesão moral consiste em prostituí-la com dinheiro, "por ter caráter exclusivamente compensatório", atendendo-se o nexo de causalidade e os critérios de proporcionalidade e razoabilidade na apuração do quantum, atendidas as condições do ofensor, do ofendido e do bem jurídico lesionado[2], evitando-se o enriquecimento ilícito escondido em falsos melindres.

---

1. História da Filosofia, Edições Melhoramentos, p. 369, 7ª edição - Humberto Padovani e Luiz Castagnola.
2. Conclusão 10 e 11 do IX Encontro dos Tribunais de Alçada realizado em São Paulo, nos dias 29/30 de agosto de 1997.

2. Distinção entre Moral Subjetiva e Moral Objetiva para efeito compensatório

Moral Subjetiva é o sentimento de cada um a respeito de seus atributos intrínsecos e extrínsecos. É aquilo que cada um pensa a respeito de si mesmo como indivíduo, como pessoa em relação a tais atributos.

Moral Objetiva é a imagem pessoal (Constituição, art. 5º, X) que cada cidadão projeta na sociedade local, formando sua reputação (Cód. Penal, art. 139), ou seja, aquilo que os outros pensam a seu respeito tocante a seus atributos pessoais, morais e éticos, e até intelectuais. Daí ser a reputação um patrimônio que pode ser valorado para efeito indenizatório quando atingido injustamente por ação maléfica de alguém.

Enquanto a moral subjetiva é o sentimento que temos a respeito de nós mesmos, a moral objetiva é o sentimento alheio incidido sobre nossos valores morais, a boa reputação de que gozamos no seio da sociedade, elevando a lei penal pátria, nos arts. 138 a 140 do Código Penal, à categoria de crimes contra a moral os atos caluniosos, difamatórios e injuriosos.

Rezam os dispositivos:

"Caluniar alguém, imputando-lhe falsamente fato definido como crime".

"Difamar alguém, imputando-lhe fato ofensivo à sua reputação".

"Injuriar alguém, ofendendo-lhe a dignidade ou o decoro".

Calúnia é a "imputação", por palavras ou escritos, conscientemente falsa, de fato tipificado como crime por alguma norma substantiva, atingindo a moral objetiva, que é a reputação, o conceito em que cada pessoa é tida na sociedade local.

Como tipo objetivo do delito, duas são as figuras ou formas previstas. A primeira está no *caput* do art. 138 do Código Penal, em que o sujeito atribui falsamente a terceiro a prática de fato definido como crime. A segunda está no parágrafo 1º, em que o sujeito propala ou divulga o fato sabendo ser falsa a imputação.

Imputar é atribuir falsamente a alguém um fato delituoso. Propalar é propagar, espalhar, tornando público o fato sabidamente falso, bastando, entretanto, que se dê conhecimento a uma só pessoa, pois não se pode confundir o ato divulgar com o seu resultado, que é a divulgação ampla do fato, "que deve ser específico, determinado".

O elemento normativo "falsamente" impõe que o fato seja falso em si ou quanto à autoria atribuída. Note-se que é presumida a falsidade da imputação, a menos que se faça prova da sua veracidade, com a exceção da verdade. Além de falso, o fato deve também ser definido como crime (não basta a contravenção). O delito é comissivo e pode ser praticado por qualquer meio, mas a imputação precisa chegar ao conhecimento de pessoa outra que não o ofendido.

O tipo subjetivo é o dolo de dano e o elemento subjetivo do tipo é o propósito de ofender. Na figura fundamental (*caput* do art. 138), dolo direto ou eventual; no parágrafo 1º, só direto. Não existe modalidade culposa.

Difamação (Cód. Penal, art. 139) é o ato ofensivo à reputação de alguém, é a dolosa "imputação", por palavras ou escritos, de fato ofensivo à reputação. O agente atribui fato a terceiro que não constitui delito, mas age em detrimento da sua reputação, da sua moral objetiva e, conseqüentemente, da sua moral subjetiva.

Tipo objetivo: a conduta é imputar (atribuir). O fato deve ser determinado, mas não precisa ser especificado em todas as suas circunstâncias. A imputação não necessita ser falsa; ainda que verdadeira, haverá o delito (exceção: o fato verdadeiro atribuído a funcionário público em razão de suas funções). A atribuição deve chegar ao conhecimento de terceira pessoa. O delito é comissivo e pode ser praticado por qualquer meio.

Tipo subjetivo: dolo de dano (direto ou eventual) e o elemento subjetivo do tipo (propósito de ofender). Não há forma culposa.

Na Injúria (Cód. Penal, art. 140) não há imputação de um fato. O tipo objetivo é a opinião negativa do agente a respeito do ofendido, denegrindo sua imagem ou reputação perante terceiros (moral objetiva, externa), com atribuição de qualidades negativas, "e que lhe cheguem ao conhecimento", embora "não se lhe atribua prática de fato que a lei considera crime" (calúnia), "ou mesmo algum fato que não constitui crime (difamação), mas reflete negativamente na sua moral objetiva", na sua reputação.

O tipo subjetivo é o dolo de dano (direto ou eventual) e o elemento subjetivo do tipo que é a intenção de ofender. Não há forma culposa.

Além de praticada por palavras ou escritos, como na calúnia e na difamação, a injúria pode ser praticada por gestos, e, nos três delitos, atingindo a moral subjetiva, que é o sentimento que cada pessoa tem a respeito de seu decoro ou dignidade.

Se a injúria consiste em violência ou vias de fato, que, por sua natureza ou pelo meio empregado, se considerem aviltantes (art. 140, § 2º), e de que resulte lesão corporal, cabe ação pública por efeito do art. 129 do Código Penal, além da reparação civil.

2.1 – O rompimento da unidualidade[3], consciente ou inconsciente da pessoa ofendida, i.e., da relação física e psíquica (psicofísica), privando-a do bem-estar de que antes desfrutava com tranqüilidade, produz uma sensação de dor angustiante, mágoa e tristeza com que passa a conviver. Embora de difícil avaliação o resultado desse rompimento por quem não conviva com a pessoa ofendida, em muitos casos pode tornar-se para esta muitas vezes mais grave que uma lesão física propriamente dita, quando esta exista. Não pode, assim, ser esse rompimento definido em contraposição a esta lesão física e nem nesta ser compreendido, 'pois resulta da lesão a um componente da personalidade' da pessoa ofendida, atingindo-a no conjunto de suas qualidades pessoais, subjetiva e objetivamente consideradas, que a conduzem ao auto-respeito e merecimento do respeito no contexto do seu relacionamento como um todo, independente da existência de prejuízo material, **que pressupõe prejuízo nos recursos de sobrevivência decorrente**

---

3. Para Spinosa, paralelismo; para Leibniz, harmonia preestabelecida; para Edgar Amorin, unidualidade.

da lesão física. Esta também indenizável quando produzida por ação ou omissão voluntária, negligência ou imprudência, a teor do art. 186 do Código Civil, sem, contudo, estar associada a uma lesão propriamente moral. Por exemplo. Em determinada loja, uma cliente acidentou-se em uma escada interior, inadequada, quebrando as duas pernas, mas sem que isso lhe provocasse prejuízo material ou lesão psicofísica, dada a sua boa condição intelectual e recursos financeiros, restando apenas acionar a loja para cobertura dos gastos com o tratamento até completa recuperação da acidentada.

2.2 – Salvatier observa precisamente que "o indivíduo não é apenas titular de direito patrimonial, mas, também, e sobretudo, de direitos de sua personalidade que não podem ser impunemente atingidos".

Moral, diz José Afonso da Silva, "é expressão que sintetiza a honra da pessoa, o bom-nome, a boa fama, a reputação, que integram a vida humana como dimensão imaterial. Ela, moral, e seus componentes são atributos sem os quais a pessoa fica reduzida a uma condição animal de pequena significação. Daí por que o respeito à integridade moral do indivíduo assume feição de direito fundamental. Por isso também que o Direito Penal tutela a moral contra a calúnia, a difamação e a injúria, porque moral é o conjunto de qualidades que caracterizam a dignidade da pessoa, o respeito dos cidadãos, o bom-nome, a reputação"[4].

Lesionada que seja a moral, surge para o ofendido o direito de obter uma compensação em dinheiro pela lesão sofrida, levando-se em conta que "lesão moral pressupõe afetação dos atributos da pessoa humana por ação maléfica de outrem, podendo daí resultar prejuízo material, ou "dano material" indenizável, como disposto nos incisos V e X do art. 5º da Constituição de 1988, **dizendo o legislador civil, no artigo 953**, que:

A indenização por injúria, difamação ou calúnia consistirá na reparação do dano que delas resulte ao ofendido.

---
4. José da Silva Pachecco - Curso de Direito Constitucional - 13ª ed., p. 197.

Parágrafo único. Se o ofendido não puder provar o prejuízo material, caberá ao juiz fixar, eqüitativamente, o valor da indenização, na conformidade das circunstâncias do caso.

Em sentido amplo, lesão é ofensa a um valor intrínseco ou extrínseco do indivíduo como pessoa, ou a um interesse legítimo e limpidamente protegido, que não se confunde com prejuízo de natureza patrimonial, i.e., os bens imóveis e móveis em si mesmos considerados como dispostos nos **arts. 79 a 84 do Código Civil**, os quais respondem pela ofensa ou violação do direito de outrem para reparação do dano causado, nos termos do **art. 942 do Código Civil**. Por exemplo: se um bem qualquer de propriedade de alguém é danificado por ato de outrem, ou a reparação é feita **in natura** pelo próprio causador do dano, como se dá quando a obrigação é de fazer, com multa diária pelo não-cumprimento, ou pagará ele um certo número de reais suficientes para recompô-lo e deixá-lo tal como se encontrava antes do evento danoso, ou indenizando os danos causados, como o exigem os **arts.186 e 927** da mesma lei civil pátria.

O pagamento **in natura** ocorre, por exemplo, quando o próprio causador de danos a um veículo promove a sua reforma em oficina particular e o entrega à vítima devidamente consertado.

"Nos arts. 5º, 6º e 7º da Constituição brasileira, de 1988, inseriu o constituinte todo um elenco de direitos e garantias que visam a assegurar o exercício dos direitos sociais e individuais, tais como a liberdade, a segurança, o bem-estar, o desenvolvimento, a igualdade e a justiça como valores supremos de uma sociedade fraterna, pluralista e sem preconceitos".

O rompimento daquela harmonia e tranqüilidade, daquele bem-viver, daquele bem-estar integral por ação de outrem, causando algum tipo de perturbação anímica, angústia, aflição, abatimento físico-intelectual no ofendido, de que muitas vezes não se recupera, por si só constitui lesão moral passível de reparação pecuniária quando expõe as qualidades negativas atribuídas à vítima, direta ou indiretamente, às vezes com conseqüências materiais graves nos seus recursos de sobrevivência, ainda que a ação maléfica não chegue a lhe perturbar a reputação, a imagem, o bom-nome.

O bom-nome, para o homem e para a mulher, é jóia de maior valor que se possui. Quem rouba minha bolsa me desfalca de um pouco de dinheiro. Mas quem surrupia meu bom-nome tira-me o que não o enriquece e torna-me completamente pobre (William Shakespeare).

"Embora a lesão moral produza um sentimento de pesar íntimo na pessoa ofendida, para o qual não se encontra estimação perfeitamente adequada, isso não é razão para que se lhe recuse em absoluto uma compensação qualquer. Essa será estabelecida, como e quando possível, por meio de uma soma, que, não importando uma exata reparação, todavia representará a única salvação cabível nos limites das forças humanas. O dinheiro não o extinguirá de todo: não o atenuará mesmo por sua própria natureza; mas, pelas vantagens que esse valor pecuniário poderá proporcionar, compensa indiretamente e parcialmente o suplício moral que o vitimado experimenta"[5].

2.3 – A lesão moral pressupõe afetação dos atributos da pessoa humana por ação maléfica de outrem, com rompimento do casulo da moral,mesmo quando não ocorra prejuízo material de que fala o **art. 953**, retrocitado. Em si mesma considerada, i.e., de forma abstrata, e embora não seja passível de gerar ressarcimento, a lesão é, por vezes, confundida com a lesão que pode gerar indenização. Mas para ser indenizável não basta tão-só a incidência da lesão. É necessário que haja um resultado que afete a vítima em seu bem-estar psicofísico, para que a indenização possa ser aplicada de modo a compensar a perda dessa tranqüilidade, surgida em decorrência do que a lesão provocou, i.e, as conseqüências danosas por ela produzidas.

A valoração das conseqüências negativas não pode ser exacerbada, sendo este risco aumentado ao sabor do espírito de corpo quando o envolvido é membro do Judiciário, a exemplo do que ocorreu no processo 997/94, entre o juiz Natan Zelinschi e o jornal **O Estado de S. Paulo**, onde no máximo pode ter havido um passageiro mal-estar do juiz, mas que, ao sabor do espírito de corpo, disse o julgador "que o fato causou ao juiz profun-

---
5. Voto do Ministro Thompson Flores - RT - 57/789.

do sofrimento, decorrente do abalo emocional que o atingiu, por ter sua dignidade ultrajada" (nem que o juiz fosse santo).

Uma crítica a alguém, mesmo exacerbada e em presença de muitas pessoas, por mau desempenho em certa atividade não reflete lesão moral porque a crítica objetiva o mau desempenho funcional. Pode apenas criar ligeiro mal-estar no criticado no contexto em que a crítica exerce.

Para que exista lesão moral é necessário que a eventual ofensa tenha alguma grandeza e esteja revestida de certa importância e gravidade, e não simples melindre de solteirona frustrada carola.

A valoração equilibrada é que serve de adminículo para a quantificação da compensação, para aumentar ou diminuir o *quantum* indenizatório, se ficar provado que a vítima perdeu algo mais que o simples bem-estar pessoal. É aqui, verificando como a ação repercute na tranqüilidade, no bem-estar, causando modificação psicológica "constatável", que será posta em cheque qualquer pretensão indenizatória por lesão que não tenha sido traumatizante a um valor intrínseco ou extrínseco da pretensa vítima.

Se o ilícito não repercutiu de forma detrimentosa na **psique** do ofendido, não existe lesão moral a justificar tal pretensão indenizatória, eis que 'o que determina a lesão indenizável é o distúrbio emocional conseqüente, que da ação dimana' para o ofendido. Não é a ação em si que dirá se ela é ressarcível, mas os efeitos por ela produzidos, porque a atitude de alguém pode apenas produzir um constrangimento, sentimento de mal-estar diante do fato ocorrido. Ponho exemplo. Ao passar um casal por uma calçada, ela aos sessenta e ele aos setenta anos, deparou este casal com um panfleto colorido expondo cena sexual das mais degradantes que se possa imaginar. O constrangimento, o mal-estar e o sentimento de repulsa foram enormes, por quase inacreditável deparar-se com tal panfleto num passeio público. Se descoberto o autor de tal divulgação, o crime seria o do art. 234 do Código Penal, de ação pública, mas não crime contra a moral individual.

Indenização por Lesão Moral e Prejuízo Material

Observe-se que, enquanto no prejuízo material o ofendido experimenta uma perda que é apreciada de forma pecuniária, aparecendo em seu bolso o menoscabo com a diminuição de seus recursos, o mesmo não ocorre com a lesão moral subjetva ou objetivamente considerada, quando diga respeito aos atributos intrínsecos e extrínsecos da vítima.

Quanto à lesão física, pode ter múltiplas conseqüências: "ora é a indenização pura e simples para cobertura dos gastos com tratamento médico, envolvendo ou não a ocorrência de incapacitação temporária ou permanente para o trabalho, e aqui estar-se-á diante de prejuízo material.

Mas a lesão pode também impedir que a vítima realize certas atividades cotidianas de natureza íntima, como higienizar-se, e aí estar-se-á diante do rompimento da unidualidade psicofísica da pessoa ofendida, com privação do bem-estar de que antes desfrutava com tranqüilidade, produzindo uma sensação de dor angustiante, mágoa e tristeza com que passa a conviver, resultando indenização por lesão moral.

É da substância da lesão, seja ela moral ou física, que para ser indenizável deva ela estar presente no momento em que o prejudicado efetuar seu pedido na órbita judicial.

Se não comprovada, não será possível adivinhar qual a repercussão que a lesão provocou na vítima, e a solução será o indeferimento da inicial, porquanto o magistrado não terá como avaliar em que consistiu a lesão e sua conseqüência, já que ela por si só não é indenizável, devendo estar presentes no estado anímico do ofendido (a) os efeitos negativos da lesão sofrida.

Finalmente, tal como no mandado de segurança, a lesão moral deve ser certa, i.e., existente no momento da propositura da ação, porque sua certeza está vinculada à conseqüência que esse mal produziu na **psique** do ofendido, com resultado danoso real em suas atividades cotidianas, embora seja impossível quantificá-la com exatidão matemática pela dificuldade de sua mensuração.

2.4 – Contrária e agressiva a qualquer princípio moral é a sentença proferida pelo juiz Caramuru Antônio Francisco da 3ª Vara Cível de Salto, São Paulo, que condenou o jornal Itaperá ao pagamento de R$ 100.000,00 ao ex-presidiário Valério Francisco de Morais, já com várias condenações por porte de drogas, porque o jornal divulgou notícia de que em 22 de janeiro de 2000, quando cumpria prisão em regime semi-aberto, o ex-presidiário foi indiciado, porque tentou entrar na cadeia com maconha, mas de cuja acusação fora absolvido.

Embora absolvido (art. 138, III), há que se ter em conta, "especialmente os que têm o poder-dever legal de avaliar a vida pregressa dos envolvidos em processos criminais", que o indivíduo é tutelado pelo Estado para garantir-lhe a cidadania e a dignidade dentro de valores que o enobreçam e lhe propiciem uma mais auto-estima no mundo do viver comum e dos bons costumes. E o cidadão, a quem o juiz reconheceu ter sofrido lesão moral, não é dotado nem de moral subjetiva, interna, nem de moral objetiva, externa, cuja vida pregressa foi a de contribuir para a destruição da juventude de sua e de outras localidades.

Não se há de dizer que até as pessoas de má fama, com vida pregressa condenável, possam ser passíveis de lesão moral, sendo isso nada mais, nada menos que uma inversão de valores.

Por conta do seu subjetivismo, distante da moral, da ética e do prudente arbítrio, não levou em conta o magistrado "que a constante busca e preservação dos bons costumes deve ser uma luta de todos contra todos", o que significa contribuir para que tenhamos de volta aquela juventude respeitadora das nossas queridas e saudosas professoras primárias, que hoje são agredidas e até assassinadas por aqueles a quem dão o melhor de si na transmissão dos seus melhores conhecimentos, como pressuposto ético da metodologia do ensino em complemento da educação doméstica para formar cidadãos, que comecem a passar de ano nas escolas primárias sabendo ler e escrever e não seja necessário seus responsáveis irem à justiça pleitear sua reprovação (***Estadão***, 6.3.2002), e assim não se transformem em novos traficantes de drogas a corroerem a sociedade na sua base, que são os nossos incautos e desnorteados jovens, desconhecedores do significado da auto-estima, autocrítica, e de outro valor há muito esquecido no seio da família e também dentro das instituições de ensino – o respeito -, porque não lhes são ministrados em seus lares, por ausência da noção de limites, padrões de comportamento em seus diversos matizes, em suas diversas formas.

Por tais razões, tem-se assistido à violência também em seus diversos matizes dentro das instituições de ensino em vários países, até com vandalismo e selvageria em protestos estudantis nas universidades brasileiras, por conta da benevolência com que são tratados os estudantes em seus diversos níveis, numa visão destorcida do que sejam liberdade e até democracia, com a perda da vida de um ou outro vestibulando e da esperança de um futuro promissor, também por conta da perda dos valores morais – base dos valores éticos.

2.5 – Embora não seja este trabalho local próprio para observações moralistas, por ser cosmopolita e laicizado o direito, não é inoportuno observar-se que do ponto-de-vista moral vivemos novos e tristes tempos, com os bancos dos jardins transformados em camas pelos namorados, e os ídolos femininos dos infantes e adolescentes a divulgarem nas televisões a produção independente de filho, e a exibirem de coque suas nádegas bem perto das câmeras de televisão, exemplo do mau uso da justa liberdade conquistada pela mulher, mas distanciando-se aí do seu próprio e alto valor na constituição e construção da família sadia, e tornando-se cada vez mais objeto pela ausência de senso crítico e auto-respeito, elementos imprescindíveis na formação da consciência moral e ética.

Outro triste exemplo são os shows histéricos de uma juventude desajustada, sem norte, a desgastar-se no delírio das drogas e do sexo degenerado na escola degradante dos bailes funk, como mais uma porta aberta para o crime, pela ausência moral em que está mergulhada a sociedade, que não oferece ao adolescente algo que o tire do vazio que o conduz ao vício, começando pela família, com vista aos melhores valores sociais.

2.6 – O art. 360 do Código Penal de 1940 se alheou do processo e julgamento dos crimes contra honra praticados por divulgação na imprensa, que hoje trata da lesão moral por injúria impressa, art. 56, *caput*, da Lei 5.250, de 9.2.67:

"A ação para haver indenização por lesão moral poderá ser exercida separadamente da ação para haver reparação do dano material, e sob pena de decadência deverá ser proposta dentro de 3 (três) meses da data da publicação ou transmissão que lhe der causa".

O inciso V do art. 5º da Constituição assegura o direito de resposta, proporcional ao agravo, além da indenização por prejuízo material, moral ou à imagem, elevando a preceito constitucional o que já dispunha o art. 56 da Lei de Imprensa, 5.250, e Lei 4.117, de 27.8.62, que disciplinam as telecomunicações, com previsão de hipótese de reparação de prejuízos morais a serem fixados por arbitramento (arts. 53 e 56).

O Código Civil atual, tal como o anterior, e o Código Penal não cuidaram de estabelecer critérios definidos, em termos pecuniários, para quantificação do dano moral puro. O que neles continua previsto leva em conta o chamado dano moral 'indireto', ou seja, os reflexos materiais da ofensa de caráter moral, não servindo, portanto, **aos propósitos estabelecidos na Constituição Federal,** havendo necessidade, em conseqüência, de serem criadas normas específicas para aferição da lesão moral despida de reflexos econômicos"[6].

Não tendo a lei estabelecido a forma e o valor da indenização, reza o art. 946:

Se a obrigação for indeterminada, e não houver na lei ou no contrato disposição fixando a indenização devida pelo inadimplente, apurar-se-á o valor das perdas e danos na forma que a lei processual determinar.

E o art. 953 estabelece:

A indenização por injúria, difamação ou calúnia consistirá na reparação do dano que delas resulte ao ofendido.

---

6. Liquidação de Danos Morais - Copola Editora - ed. 1995, pp. 28 e 30.

Parágrafo único. Se o ofendido não puder provar o prejuízo material, caberá ao juiz fixar, eqüitativamente, o valor da inderização, na conformidade das circunstâncias do caso.

A estimação do dano resultante da injúria, difamação ou calúnia é de natureza material, ou não teria o legislador civil falado, no art. 953, em indenização correspondente ao dano resultante desses delitos.

Os critérios de avaliação da lesão e da culpa, levando-se em conta a culpa recíproca entre a vítima e o autor, são estabelecidos nos arts. 944 e 945 do Código Civil de 2002, tendo-se ainda o caput do art. 49 da lei penal como parâmetro para o cálculo da indenização para os crimes de injúria, difamação ou calúnia, de que tratamos arts. 138 a 140 da lei penal e 953 do novo Código Civil.

A indenização pelo critério do art. 49, estabelecida em dobro e equivalente a dia-multa, equivale a setecentos e vinte (720) dias-multa, com observância do que estabelecem os arts. 944 e 945 do Código Civil.

CAPÍTULO II

MORAL E ÉTICA

1 – A metafísica, como parte da filosofia "em perspectivas e finalidades diversas", apresenta características gerais, entre elas a de ser um corpo de conhecimentos racionais e auto-revelador da existência e se confunde com o aparecimento da consciência, representando a própria origem da vida integral do homem, isto é, a formação da vida física e psíquica, a compreensão e percepção da realidade circundante e as projeções dentro do tempo e além do tempo, ou seja, uma visão metafísica. Dela decorre logicamente a "MORAL", cujos princípios, fundamentos e sistemas são estudados na Deontologia ou Tratado dos Deveres, como parte da filosofia em que se estudam tais princípios e fundamentos, fundada na moral, continente do auto-respeito, autocrítica, pudor, virtude, honestidade, integridade, idoneicade e probidade, que, voltada para os bons costumes se materializa na ética subjetiva, ou moral subjetiva, como norma de comportamento no mundo do viver comum, onde nascem, prosperam "e se transformam" os valores da criatura humana (valor-fonte da Ética e do Direito), diante de objetos e circunstâncias que o destino lhe serve com a vida.

Nos tempos que correm parece estar havendo um renascimento do interesse no "porquê" e no "como" do comportamento humano e na busca do homem de um sentido ético para sua existência.

Juntamente com o seu interesse nos bens materiais e na tecnologia, surge o interesse pelo que significa ser homem. Patrões estudam como trabalhar com seus subordinados, pais fazem cursos para educar seus filhos, casais aprendem como se entender e discutir livremente o relacionamento familiar, e nas escolas professores estudam como enfrentar os distúrbios emocionais de seus alunos e como suprir os efeitos de suas carências na compreensão dos valores.

E o tratamento dos valores "dever, liberdade, amizade, lealdade, amor, paz, virtude, honestidade, integridade", como expressões de necessidades objetivas, possibilita, no campo da ética, compreendê-los como categorias extraídas do real, ou seja, do conjunto de "necessidades ontológicas"[7] criadas pelo próprio homem, que, condenado à liberdade por já não ser portador de uma essência abstrata e universal, surge como arquiteto de sua vida, o construtor do seu próprio destino[8], ante a esperança que se lhe abre para o futuro como um valor existencial, tornando presentes os fatos passados, a partir dos quais sua razão se eleva a um quadro variegado de perspectivas, conforme a natureza daquilo que lhe parece deva acontecer. Tais necessidades são geradas, então, no processo de organização da vida social em suas várias dimensões, "num estudo sistemático das relações humanas no âmbito das ciências da vida, consideradas à luz de valores e princípios morais", sendo moral e ética valores de referência social.

Neste sentido pode-se falar em "liberdade", por exemplo, como um princípio moral construído pelo homem com seu livre arbítrio, e do "dever" como algo que diz respeito à responsabilidade diante das escolhas morais, o que pressupõe a liberdade como a possibilidade de escolha consciente, diante de valores alternativos.

A ética está ligada à confiabilidade, não podendo o titular de um cargo, por exemplo, mentir, enganar, dando-se à própria ética um valor moral maior. Isso implica a noção de dever aliado à responsabilidade pela escolha assumida, isto é, um compro-

---

7. O homem concebido como tendo uma natureza que é inerente a todos e a cada um dos seres.
8. Filosofia existencialista, filosofia da existência, existencial, criada pelo dinamarquês Sören Kierkergaard (1813-1855), para quem o objeto da reflexão filosófica é o homem na sua existência concreta, sempre definida nos termos de uma situação determinada, mas não necessária - o "ser-em-situação", o "ser-no-mundo"-, a partir da qual o homem, condenado à liberdade, por não ser portador de uma essência abstrata e universal, surge como arquiteto de sua vida, construtor do seu próprio destino, submetido embora a limitações concretas. Entre seus maiores expoentes, Martin Heidgger, na segunda metade do século XIX.

misso, em vez de uma obrigação formal, o que nos remete basicamente ao princípio da responsabilidade, já anunciado por Platão, que governa a ética e a moral, tornando cada um responsável por seu destino.

Mas o processo é altamente complexo, por estarem presentes fatores morais e éticos subjetivos. Se alguém não toma a atitude moral que lhe cabe e passa-a a outrem, terá a mesma responsabilidade. Da mesma forma, quando passa a decisão imoral a outrem, tomou a decisão imoral de não assumi-la.

Nos Dez Mandamentos encontram-se deveres, regras divinas e morais que deram rumo à consciência individual e coletiva, sendo transgressão a preceitos religiosos a prática dos atos ali proibidos.

A moral não tem sua existência por efeito de teoria filosófica, embora não possa prescindir desse conhecimento quando se a quer pensada de forma rigorosa no campo da ética intersubjetiva como dimensão da vida social prática, onde se expressa por diversas formas e em diversos espaços. A ciência nos oferece matéria para reflexão ética, mas o resultado dessa reflexão é sempre pessoal, subjetivo e influenciado pela circunstância que envolve a vida de cada um.

1.1 – A moral coletiva começa com a associação, a interdependência e a organização grupal, impondo a vida social a cessão de parte da soberania (liberdade) individual para o bem comum, tornando-se o bem-estar da comunidade a norma de conduta ética de seus componentes. A natureza assim o requer e seu julgamento é sempre o último; se sobrevive um agrupamento em competição ou conflito com outro, é devido à sua união e poder, e à capacidade de cooperação de seus integrantes para fins comuns.

"E que melhor cooperação poderia existir do que cada qual fazer moral e eticamente o que melhor sabe fazer?" Viver por hábito o que para outros é virtude? Este é o alvo que toda sociedade deve demandar, se quiser subsistir. A moral, disse Jesus, é a bondade para com os fracos; para Platão, a eficaz harmonia do todo.

A moral dá a conhecer as regras supremas, assim como as regras próximas, aplicadas ao ato a ser cumprido, enquanto a **Ética pretende** estudar em profundidade o ser e o sentido das normas morais, isto é, explicar o bem e suas características. Está ligada a um procedimento respeitoso quanto ao que importa às outras pessoas, por conta de uma boa formação moral.

Na prática, a ética constitui a moral subjetiva e a intersubjetiva como ciência normativa (direito) e construtiva que orienta o homem para realizar seus fins com justiça. É a referência valorativa que estabelece os parâmetros das relações dos indivíduos com a sociedade, para construção de cidadãos e não de súditos; de cidadãos responsáveis, construindo comunidades de serviços e uma nação compatível com o caráter de seu povo.

"Para Adolfo Sánches Vasques, moral é um sistema de normas, princípios e valores, segundo o qual são regulamentadas as relações mútuas entre os indivíduos ou entre estes e a comunidade, de tal maneira que estas normas, dotadas de um caráter histórico e social, sejam acatadas livre e conscientemente por uma convicção íntima, e não de uma maneira mecânica, externa e impessoal."

A moral é precisamente um sistema mutável de costumes e exigências que permite a elevação do indivíduo de sua singularidade ao genérico da pessoa humana, propiciando a vinculação do indivíduo (tomado em sua singularidade) com a essência humana, com o ser social tomado na sua universalidade, viabilizando a relação das várias esferas da vida dos indivíduos com o genérico do ser social. E aqui se coloca a "liberdade igualitária" como um dos valores essenciais ao crescimento do ser social dentro de certos padrões morais.

1.2 – A questão ética foi discutida, e é, amplamente, pelos filósofos.

Aristóteles dizia que ações éticas (corretas) evitam extremos indesejáveis, mas outro filósofo, Epicuro, falava que a ação inteligente (ética) aumenta o prazer e evita a dor.

No campo dos valores, ética é o belo do ponto de vista moral, assim como a estética é o belo do ponto de vista físico.

O pano de fundo da ética é, na verdade, a lisura, a correção em todas as atividades sociais e funcionais; o conjunto de princípios morais que se devem observar no exercício de qualquer atividade.

A ética se preocupa com as formas de resolver as contradições entre necessidade e possibilidade, individuais e coletivos, interesses econômicos e valores morais, corporais e psíquicos, natural e cultural, razão e desejo. Todos os problemas que surgem na esfera da ética são determinados por contextos históricos específicos, e, conseqüentemente, "os valores existem independentemente das avaliações dos indivíduos, mas não das atividades dos homens, pois eles são expressão de relações e situações sociais".

No convívio social, o homem conquista bens e valores que formam o acervo tutelado pela ordem jurídica. Alguns deles se referem ao patrimônio e outros à própria personalidade humana. É direito seu, portanto, manter livre de ataques ou moléstias de outrem os bens que constituem o seu patrimônio, assim como preservar a incolumidade de sua personalidade como supremo valor. Por exemplo: é na moderna sociedade capitalista que a questão da liberdade individual se coloca como um problema. No mundo moderno, o homem não mais se insere de modo incondicional e natural em dada situação: "já não é mais, como no mundo grego, naturalmente inserido na sua polis, nem, como na Idade Média, inserido numa estratificação social dada previamente", ou seja, quem nasce nobre morre nobre e quem nasce servo morre servo. Nada, portanto, mais difícil do que definir a ética.

1.3 — A ética, como expressão teórica da moral, diz respeito aos seus fundamentos e à busca do significado histórico dado aos valores; "diz respeito às raízes dos problemas, à busca da essência, ou seja, é um modo peculiar de olhar determinada dimensão da realidade, 'da problemática dos valores': fulcro da pesquisa ética e parâmetro das prescrições morais".

A ética é a relevância valorativa que estabelece os parâmetros das relações dos indivíduos com a sociedade, remetendo compulsoriamente à reflexão filosófica ou ontológica, porque ela, enquanto tal, é atinente às relações humanas.

A ética existe porque nós, humanos, somos agregados, significantes por natureza, e assim precisamos de significado para viver e existir em sociedade. O ser humano, pensante porque intuitivo, analítico porque inteligente, significante porque precisa de significado para viver, real porque inteligente e significante, e concreto pela forma física com que é estimulado em suas atividades sensíveis pela natureza das coisas (formada de matéria e essência), expressando e ilustrando seus misticismos, suas necessidades, ilusões e devaneios, medos e ansiedades, alegrias e sofrimentos, virtudes e "misérias", torna-se uma entidade com vida própria (espírito) ao perder a forma física, cuja desaglutinação liberta-o para outra dimensão. Nesta linha de análise pode-se, pois, distinguír moral de ética, porque esta é a teoria ou ciência do comportamento moral dos homens.

A ética se depara com uma experiência histórico-social no terreno da moral, ou seja, com uma série de práticas morais já em vigor, e, partindo delas, procura determinar a essência da moral, as fontes de avaliação da moral, a natureza e a função dos juízos morais, os critérios de justificação desses juízos e o princípio que rege a mudança e a sucessão de diferentes sistemas morais.

O certo, na ética, significa o que é correto ante o modelo social criado e vinculado ao momento histórico, à cultura e à sociedade na qual este modelo subsiste para o exercício das atividades sociais e profissionais. Daí a elaboração dos Códigos de Ética para reger as categorias profissionais, sendo cada indivíduo a expressão do próprio caráter moral e ético, naturalmente oscilante pela própria liberdade de pensar e agir. Daí também o caráter relativo da moral e da ética. Esta, expressão daquela em todos os planos das atividades sociais. Assim, somente reconhecer os princípios éticos não fará o homem agir direito. Agir com ética é estar habilitado a discernir o certo do errado. Desejar fazer certo e obter bons resultados são coisas diferentes.

Quando se enfrentam situações que nem sempre são consideradas éticas, é preciso então agir segundo alternativas de que se dispõe, separando os problemas morais significantes dos problemas morais insignificantes, e decidir por que aqueles são mais significantes, buscando compreender os pontos fortes e fracos dos padrões morais, ajustando as tensões entre esses padrões. Por exemplo, reconhecer o líder os vários pontos de vista éticos que se lhe apresentam no momento, sabendo escolher, dentre as várias alternativas, os caminhos mais aceitáveis dentro daquela realidade, para estabelecer bons exemplos e reforçar as condutas e procedimentos morais e éticos.

Continuar a refletir sobre os procedimentos e os vários métodos de fazer eticamente as coisas, interagindo com as demais pessoas numa forma de respeito comum.

Sófocles, com **Antígona,** revelou as bases da ética – aquela que regulamenta as relações entre pessoas, a que hierarquiza direitos sem deixar de levar em conta sentimentos, fazendo-o de forma transcultural e atemporal.

A inteligência grega recorreu a uma tragédia para fazê-lo e usou um caso extremo de dor: a morte do irmão de Antígona, demonstrando que, nesse momento de sofrimento, o corpo, mais do que nunca, pertence à família. O amor renasce como um turbilhão, cessam todos os sentimentos negativos que porventura possam existir e ficam a ternura, o afeto, algum tipo de arrependimento, dor, choro, abraços, beijos, carinhos e flores.

Antígona morreu porque desrespeitou a lei de então, dando sepultura digna ao seu irmão e impedindo que os urubus se alimentassem de seu fígado e de seus olhos, como era vontade do imperador Creonte.

Essa peça vem sendo repetida há dois mil anos, transportando, para as diversas gerações e culturas, o conteúdo ético da mensagem de Sófocles.

1.4 – Como ética intersubjetiva de proceder retamente e expressão da consciência coletiva que se reflete sinergicamente nas relações humanas e atividades profissionais, "Moral" não é um conjunto de máximas heterônimas externas impostas ao homem, mas um conjunto de preceitos jurídicos que a consciência moral coletiva tem como adequado ao comportamento individual, uma vez que no centro das discussões éticas está o problema dos valores, e a vida moral é necessariamente tencionada por esses valores. Daí ser a ética intersubjetiva igual a "direito". Questão central, pois, é determinar o que se entende por valor.

A pensadora húngara Agnes Heller formulou idéias basilares para compreensão do valor, a partir da seguinte determinação: "valor é tudo aquilo que contribui para explicitar e para enriquecer o genérico do homem, entendendo como genérico o conjunto de atributos que constituíram a essência humana". Recuperando elementos da obra de Georg Markus, Heller considera que estes atributos são: "a objetividade (expressa prioritariamente, em termos ontológicos, pelo trabalho), a socialidade, a consciência, a universalidade e a liberdade". Estes atributos comporiam a essência humana, concebida não como uma estrutura intemporal e/ou a-histórica, dada e imutável, mas como processualidade dinâmica constitutiva do valor social, resultado sempre em aberto e inconcluso da infinita humanização do homem.

Numa inversão de valores, os arautos dos direitos humanos simplesmente esquecem a moral e a ética em favor das vítimas indefesas, para bradá-las em favor de bandidos que dilaceram vidas impiedosamente. E os estelionatos praticados pelos criminosos do colarinho branco e pelos corruptos que infestam os **Três Poderes da República brasileira,** em todos os níveis, na mais absoluta inversão de valores; a moral e a ética, no campo dos valores, são apenas palavras lançadas ao vento, dispensando eles muito mais energia às suas vilezas do que ao bem-estar da nação, mostrando-se desde sempre medíocres e aéticos. Que o digam os Jader Barbalho e seus asseclas.

A falta de compromisso com a ética é o caminho da corrupção e desastre das administrações, resultando na falta de recursos ao Estado para cumprimento de suas obrigações básicas, como a melhoria da qualidade da instituição judiciária, da saúde e da segurança dos cidadãos em todos os níveis, e outras mais, como melhoria do emprego, urbanização e transporte coletivo, etc.

Surpreendentemente, o Senado, pela primeira vez, mas ainda com resistência dos asseclas do corporativismo corrupto, cassou um de seus membros, Luiz Estêvão, podendo aí se vislumbrar uma luz de lamparina no fim do longo túnel, como indício de um princípio da moralização da política de cima para baixo. É o que espera a sociedade, mas que não se continue permitindo a renúncia às portas de um processo de cassação de mandato.

Só nas atividades profissionais de natureza privada, regidas por um código de ética, pode esta ainda ser cobrada em caso de violação de seus princípios, como no caso do advogado, do médico, etc., se o espírito de corpo não for usado também como escudo, como tem ocorrido de maneira acintosa nas instituições judiciária e legislativa (ver Título 7).

CAPÍTULO III

ÉTICA E OBRIGAÇÃO CONTRATUAL NA ADVOCACIA E NA MEDICINA

1) O Advogado no Mundo Jurídico

a) À guisa de exórdio, cabe sempre lembrar que a Ética é Ciência da Moral e, na hipótese dos Códigos, cuida dos procedimentos morais, do comportamento no meio social, no trato dos costumes. Exortam os Códigos de Ética à decência, decência no seu lídimo significado etimológico, isto é, aquilo que é conveniente, digno, decoroso, honesto.

Em seminário sobre ética na Secção paulista da OAB, o jurista Miguel Reale assim expôs sobre a matéria:

"Dando atenção especial ao mundo dos mores, dos costumes, os romanos perceberam que existem certos costumes, que são costumes jurídicos, que têm uma objetividade que a moral (mos), enquanto moral, não tem.

No fundo a moral é subjetiva, e o direito, ao contrário, estabelece modelos de comportamento jurídico.

A vida jurídica é uma vida de modelos de comportamento, porque a teoria contemporânea é fundamentalmente uma teoria de modelos, e porque é a teoria dos objetos e a inferência desses objetos, dos objetos especiais, que são chamados modelos.

O jurista opera com modelos, e o advogado, sobretudo, é operador dos modelos que lhe são apresentados pelos códigos, pelas leis, pelos regulamentos, pelos decretos, e esses modelos servem de ponto de partida para o comportamento dos indivíduos, do advogado, do promotor e do juiz.

Esses modelos são aqueles objetos em que a pessoa se espelha para assumir uma conduta, tomar uma atitude ou uma decisão, decisão que é primeiro do advogado quando propõe uma ação, ou do promotor quando tal iniciativa lhe compete, e decisão final do juiz quando, com base no mesmo modelo, adota uma posição em face do que considera justo, ampliando-se cada vez mais os horizontes do conhecimento científico do Direito, para que tais profissionais possam dar conta não só de suas angústias diante do mundo, mas também para que possam perceber a importância do papel social de suas profissões, de forma a contribuírem para a construção de uma sociedade mais justa e que respeite a dignidade do indivíduo.

b) A filosofia contemporânea se caracteriza e se distingue pela compreensão da influência intersubjetiva na formação dos grupos humanos. Daí por que o filósofo contemporâneo não é um filósofo que se perde na abstração, porque imediatamente ele toma contato com a realidade, toma contato com aquilo que Edmon Husserl chamava 'o mundo do viver comum'. Para Husserl, a filosofia não se basta a si mesma até e enquanto ela não toma contato com 'o mundo do viver comum'"[9].

Substituindo a expressão mundo do viver comum por "mundo da vida", por uma questão puramente semântica, semiótica, uma questão apenas de prisma, de verificação do problema, diz que "o mundo da vida é um conceito básico da ética e da moral contemporânea". Que não existe nada que possa ser apreciado apenas por um prisma individual, subjetivo, porque desde já surge a intersubjetividade. E da intersubjetividade emana algo que se põe acima dos dois e governa os dois em complementaridade: é a objetividade. E aí se insere o chamado Direito Subjetivo, de um lado, e o Direito Objetivo, de outro. São reflexos, no plano

---
9. Exposição de Miguel Reale sobre Ética na Secção da OAB de São Paulo, em 22.10.98.

da experiência jurídica, de uma percepção interior "que é da moral subjetiva e da moral objetiva". Aí, então, se percebe como através da ética do advogado se pressupõe uma série de outros valores. E o mundo ético-moral é isto do ponto de vista filosófico, e o advogado é um personagem desse mundo ético. O advogado não é um indivíduo qualquer. O advogado é alguém que tem uma missão filosófica de conhecer as coisas, ainda que superficialmente conhecê-las, e em segundo lugar operá-las, atuando segundo esses valores, porque não se deve olhar a ética do advogado e a moral do advogado como uma espécie de moral e cívica, ou seja, como um simples elenco de deveres.

Um elenco pragmático de comportamentos, tudo isso é muito importante; todavia, mais importante é saber que tudo isso tem a sua razão comum de ser. São especificações, são individualizações, particularizações de uma mesma semente do plano filosófico na compreensão da pessoa humana como dever fundamental, e então o advogado deve lembrar e aplicar na sua conduta aquele princípio universal a que se referia Gandi em seu grande ensinamento: "Seja uma pessoa e respeite os demais como pessoas". Esse deve ser o mandamento fundamental para o advogado: "seja como advogado uma pessoa, respeite o réu como pessoa e respeite o seu adversário como pessoa". Somente nessa concepção interpessoal é que surge a dignidade da lide.

É no mundo dos valores, nesse campo das virtudes humanas é que nasce e prospera a ética das profissões, dentre as quais sobressai a do advogado, pela universalidade e abrangência de suas atividades sociais que se concretizam em cada ação, em cada estudo de um cliente, por seu relacionamento interpessoal, vivencial e concreto.

O advogado, outrora considerado como um lidador das tarefas jurídicas, visto como o paladino das grandes causas, como um guerreiro das batalhas invencíveis, hoje tem alargada sua missão para exercer função indispensável à administração da justiça, pois seu ministério privado presta serviço público e exerce função social. Como tal, a moralidade das profissões jurídicas

45

em geral encontra-se na manifestação e na defesa dos direitos do homem, no restabelecimento da ordem jurídica afastada ou selada por infração culposa, e na manutenção dos direitos do homem, o que significa reconhecer ou reivindicar direitos legítimos dos indivíduos e da sociedade.

Na defesa dos direitos do homem, a tutela jurídica se refere ao direito estabelecido, à lei positiva humana, como conseqüência do direito natural e da própria lei divina, aqui incidindo o termo sempre atual da lei injusta, que em momento inspirado o nosso legislador constituinte de 1988 insculpiu no art. 5º os direitos fundamentais ou direitos humanos, "o novo nome do direito natural", pelos quais os advogados, juízes, promotores e demais operadores do direito podem inquinar de inconstitucionais as normas consideradas injustas. Daí se devem aceitar com reserva as chamadas interpretações alternativas do direito, que não servem à justiça, mas a interesses muitas vezes ideológicos que, por serem particulares, nem sempre espelham o ordenamento jurídico, que também é universal. Ele tem que se concretizar, evidentemente, mas tem de partir de pressupostos maiores, que são as nossas leis, as nossas regras de conduta.

Tocante aos deveres particulares do advogado, seu objetivo específico é a defesa do cliente, mas, como tal, **"não pode patrocinar causas injustas, para não ser causador de danos a terceiros"**.

Mas pode aceitar "causas duvidosas", sobretudo as criminais, como é o caso do advogado dativo, para evitar o perigo de erros judiciários em prejuízo de inocentes, "procurando ressaltar os dados favoráveis ao réu", mas nunca empregando meios desonestos, injustos ou fraudulentos para vencer a causa, como documentos falsos, escuta telefônica, falsa prova documental, etc.

O advogado é um lutador, luta porque combinou com o cliente e assumiu com o cliente a responsabilidade de sua causa, e então surge o dever dele para consigo mesmo e para com o cliente, e para com a coletividade, porque quando falamos de um Código, como o Código Civil, o Código Penal, Processual, nós devemos saber que esses códigos são apenas e tão-somente um falar da sociedade.

A sociedade fala ao advogado através das leis, e o advogado, através dos Códigos. De maneira que o operar humano é um operar subjetivo e ao mesmo tempo subordinado ao querer social que se chama lei, a lei nas suas expressões múltiplas. Vê-se, então, como é difícil dizer uma coisa sem necessariamente dizer outra, porque tudo está interligado, porque tudo está inter-relacionado neste nosso mundo, **o mundo da justiça, o mundo da advocacia,** que é o mundo da prática forense; tudo está interligado de maneira fundamental, e então outras vezes nós assumimos uma causa, não porque queremos, mas porque nos foi imposta.

Um advogado dativo, por exemplo, que recebe a incumbência, à que não pode dizer não, de proceder à defesa de um cliente, e aí surge um problema fundamental: "ele pode não estar de acordo, ele poderia naquele momento dizer que se sentiria melhor defendendo a tese contrária; dizer, eu, no meu coração, na minha intelectualidade, eu estou de acordo com o adverso, mas eu fui designado para a defesa". Ele então se encarna na pessoa do réu, ele passa a viver essa dupla personalidade, identificando-se com o interesse do cliente. E então há algo de dramático na vida do advogado!

O advogado não é aquele que entrega uma petição ao juiz e depois lava as mãos como Pilatos, e que as coisas correrão por si mesmas. O advogado é um ser participante, e é nisso que vem a ética do advogado do ponto de vista da filosofia. O advogado é um ser participante, e também um ser responsável, que participa dos valores a que ele adere ou de que foi incumbido de defender.

A responsabilidade é outro fator básico e fundamental da ética do advogado, e surgem aqui dois enfoques da responsabilidade, se olharmos segundo os ensinamentos de Max Weber: "a ética da convicção e a ética da responsabilidade". **Qual a ética do advogado? A ética da convicção ou a ética da responsabilidade?** Essa alternativa pode ser válida em política, "em direito não".

O enfoque político não se confunde com o enfoque jurídico. Do ponto de vista político, pode-se assumir uma ética da responsabilidade e, "entre parênteses", a ética da convicção, (utilitária, circunstancial), como tática política em benefício da coletividade, em benefício do programa partidário ou em benefício da aspiração nacional no combate a eventuais crises econômico-sociais. Por exemplo. Um deputado, embora discordando da orientação da bancada de seu partido na Câmara, vota segundo essa orientação porque tem responsabilidade com o partido por fidelida partidária, contrariando suas convicções pessoais.

Assim é que muitas vezes pode parecer que o governante está indo contra sua própria "convicção", porque naquele momento ele assumiu a ética da responsabilidade. Por exemplo, uma semana depois de a justiça ter condenado um ex-prefeito da capital de São Paulo a devolver ao erário valor correspondente a suposto prejuízo que teria causado por sua iniciativa de reduzir alíquota do ISS, em decisão proferida numa ação impetrada por um vereador da situação, o executivo municipal anunciou proposta de reforma tributária reduzindo a alíquota do ISS, seguindo a mesma linha ante o imperativo da realidade circunstancial do momento político-econômico do município. Na política isso pode haver, "no direito não".

O problema é que a ética da "convicção" é fundamental para o advogado. O advogado, quando age, quando atua, ele deve estar convicto, a não ser naquele caso em que ele é obrigado a agir como dativo. Então ele transfere para si a convicção do réu. É dramático isso num advogado dativo a defender uma causa com a qual seu coração não bate, mas, se o fizer, será nesse sentido dramático: "do conflito entre a ética da responsabilidade e a ética da convicção". Aí está um ponto importante para se distingüirem os dois conceitos. Mas, normalmente, o advogado quando aceita uma causa é porque ele deu, por convicção, adesão ao que lhe foi proposto.

"Mas nunca será ético aceitar uma causa só porque lhe vai render honorários."

Os romanos, que foram os primeiros grandes advogados, chamavam a retribuição do advogado de "honorária", mas os tempos mudaram.

Para os grandes advogados como Cícero, por exemplo, a retribuição maior era a honraria, *honorariu*. Depois, as palavras, em matéria de valores, vão mudando de significado. Hoje ninguém pensa em honorários em termos fundamentalmente éticos, porque afinal de contas os profissionais vivem da sua profissão. O advogado que não cobra é meio advogado. Mas o fato fundamental é esse: "ao lhe ser oferecida uma causa, o advogado sopesa". Toda causa é um balanceamento de valores. Isso é um ponto importante. E se esse balanço de valores coincide com as minhas convicções, eu assumo a responsabilidade da minha convicção. Daí por diante, o que aparece é a responsabilidade objetiva, de outro tipo, que é, na realidade, a valoração da ética da responsabilidade, porque o advogado é responsável perante si mesmo, perante o outro e perante a coletividade. Então, qualquer tema que possa ser analisado à luz do Código de Ética do Advogado, se o apreciarmos devida e profundamente, bater-nos-emos com o tema filosófico. E indagar dos pressupostos filosóficos da ética em qualquer atividade humana é uma tarefa das mais difíceis. E numa simples e singela definição, "ética é o conjunto de princípios morais que se devem observar no exercício de qualquer atividade".

Muitos outros aspectos envolvem a atividade do advogado, manifestada através de princípios gerais da deontologia forense, no seu mais alto sentido ético, como conduta ilibada, dignidade e decoro no exercício profissional, aí incluídas a lealdade, a reserva, "a verdade", a discricionariedade, etc.

Relembremos, aqui, a idéia fundamental de Husserl: "Ninguém é superior à sociedade em que vive; ninguém pode se considerar maior do que a coletividade de que participa, porque, quando ele, homem excepcional que seja, se eleva, ele carrega a sociedade consigo, de maneira que há sempre um nivelamento entre o indivíduo maior e a sociedade, e a sociedade, por sua vez, atua da mesma forma, porque às vezes o humilde mártire esquecido a sociedade o transforma em modelo de conduta humana, e então há um balanceamento também entre o indivíduo e o coletivo", de tal maneira que hoje em dia nós estamos cada vez mais marchando para uma visão diferente até mesmo na vida política. Isso evidencia-se no mundo todo por uma visão fundamental básica das ideologias políticas, para ver mais no que elas coincidem diante de um mundo cada vez mais globalizado, do que se conflitam.

As teorias subjetivas em excesso e as teorias objetivas estão abrandando cada vez mais as suas distinções numa convergência conciliatória, não por comodismo, mas pela consciência concreta do problema[10].

2) Responsabilidade Ética da OAB e do Advogado

a) – Quanto à OAB, tal responsabilidade mais pesa sobre essa instituição como órgão disciplinar da atividade advocatícia, especialmente com sua ascensão a integrante na distribuição da justiça pelo art. 133 da Constituição Federal de 1988, com o que não lhe é dado omitir-se diante de conhecidos e vergonhosos esquemas de corrupção dentro da justiça com participação de advogados e funcionários de cartório em processos de falência, entre muitas outras áreas da atividade jurídica. À OAB e ao próprio advogado cabe, por interesse próprio, zelar pela correta condução dos processos; e não fiquem livres juízes tendenciosos sempre prontos a fraudarem a lei em conluio com o advogado, **porque sabem ambos que não há meio de os constranger a interpretá-la de boa-fé, sendo impossível vedar que juntos iludam habilmente qualquer preceito legal.**

Exemplo vivo dessa afirmação teve a sociedade na decisão da juíza Sandra de Santis, de Brasília, que tentou desqualificar "o crime doloso e hediondo" praticado por um grupo de jovens delinqüentes bem nascidos, mas malconduzidos, que incendiaram e mataram o índio Galdino Jesus dos Santos, "para crime culposo", quando o índio dormia num banco de ponto de ônibus, certamente por serem filhos de famílias influentes na sociedade local, sendo um deles filho de um juiz e ela própria esposa de um dos ministros do STF.

---

10. Exposição de Miguel Reale em Seminário na Secção da OAB de São Paulo, em 22.10.98.

Indenização por Lesão Moral e Prejuízo Material

Insensível, ainda esboçou um sorriso quando do depoimento de uma das testemunhas de defesa. Teria a juíza feito o mesmo se a vítima tivesse saído das suas próprias entranhas?

O que a juíza fez foi mostrar à sociedade um dos muitos exemplos, e efeitos, de como funciona o tráfico de influência dentro da instituição judiciária, tal como ocorre em todos os demais setores da administração pública.

Isso se deve à circunstância de poderem os fatos ser interpretados como bem entendem aqueles que os apreciam sem dar crédito aos acontecimentos, tal como ocorridos, possibilitando guarida a objetivos inconfessáveis sob o jargão do "princípio da convicção", tornando supérfluos a moral, a ética, a verdade e o Direito, e descrente o povo, por dispensarem muito mais energia às suas vilezas do que em benefício do povo e aplicação da boa justiça, mostrando-se desde sempre aéticos e medíocres, ante crenças, atitudes e condutas com que subordinam a instituição à individualidade de seus membros. Os exemplos são incontáveis.

Como entender a ética do advogado que defende juízes envolvidos com a corrupção?, até mesmo quando são denunciados por algum advogado que não se curva diante dos esquemas imorais montados?.

O Direito Constitucional à tutela jurídica não pode superar a consciência ética do advogado, princípio básico do exercício da própria profissão, defendendo os corruptos e ladrões infiltrados na própria instituição, cujo aprimoramento é do seu próprio interesse, em particular, e da própria classe, atualmente elevada à categoria de Instituto Constitucional.

Embora com o muito ainda a se fazer, a OAB, como que saindo de sua adolescência para entrar na idade adulta, deixando a inércia e meditando na responsabilidade que lhe cabe no enfrentamento do jogo do poder sem limites, fez inserir na Carta Política de 1988 o Instituto dos Advogados Brasileiros, conferindo-lhe a expressão e importância no tripé da distribuição da justiça, que antes de tudo deve ser moral para ser ética, entendendo-se-a .... "como ação do Estado na solução dos conflitos de interesses, buscando no cumprimento dos deveres a base da pretensão de direitos".

Aquela justiça que, simbolizada na mitológica deusa grega, sustenta numa das mãos a balança com que pesa o dever e o direito, e na outra a espada com que recompõe os interesses contrapostos, porque a injustiça está sempre na ação descumpridora do dever.

Afinal, não se constrói uma nação, nem se distribui justiça, com as próprias autoridades ausentando-se dos mais comezinhos princípios morais, agredindo a ética, a lei e o direito, abraçadas ao espírito de corpo – este personagem oculto que conspurca a moral e faz ruir as instituições.

Como disse Platão a Trasímaco de Cálicles, "moral não é o direito do mais poderoso, e sim a harmonia do todo".

Ao advogado e à OAB cabe o dever de combater a corrupção para moralização da justiça, em consonância com o artigo 133 da Constituição Federal e artigos 2º e 3º do seu estatuto – Lei 8.906 – , abandonando os velhos jargões como o "não adianta" e o "deixa pra lá".

Há que se entender que com o novo estatuto exige-se do advogado maior responsabilidade moral e ética no exercício do seu mister, mas confere-se-lhe maior segurança para reagir contra qualquer funcionário, de qualquer categoria, em seu sentido mais amplo, contra qualquer autoridade que se valha do cargo para escamotear a lei, a moral e a ética, em favor de interesses escusos, o que importa em maior segurança na defesa dos interesses que patrocina, atento aos postulados dos seus mandamentos profissionais.

ORAÇÃO DO ADVOGADO

"Senhor! Abençoa a minha profissão de advogado.

Faze que eu seja um testemunho verdadeiro a serviço da liberdade, da justiça e da paz.

Dá-me saúde para trabalhar e equilíbrio para pensar e agir; serenidade para me aperfeiçoar e sabedoria para conciliar justiça e lei.

Aumenta a minha fé
Para atuar com paciência à luz da verdade.
Na constante jornada do Direito, inspira-me para que eu seja leal a todos: juízes, promotores, clientes e adversários.
Tu sabes, ó Mestre,
Que minhas forças não são suficientes, mas com tua ajuda serei forte, agirei como um conselheiro, servindo com a maior alegria, visando o bem-estar humano e social.
Enfim, quero celebrar as vitórias e êxitos alcançados, e agradecer-te pela vocação que me confiaste, no propósito de construir uma sociedade justa e fraterna."

Amém!

Para criação do Código de Ética do advogado, adotou o Conselho Federal da Ordem dos Advogados Brasileiros os seguintes princípios:

a) lutar sem receio pelo primado da justiça;
b) pugnar pelo cumprimento da Constituição e pelo respeto à lei, fazendo com que esta seja interpretada com retidão, em perfeita sintonia com os fins sociais a que se dirige, e às exigências do bem comum;
c) ser fiel à verdade para servir à justiça como um de seus elementos essenciais;
d) proceder com lealdade e boa-fé em suas relações profissionais e em todos os atos de seu ofício;
e) empenhar-se na defesa das causas confiadas ao seu patrocínio, dando ao constituinte o amparo do Direito, e propiciando-lhe a realização prática de seus legítimos interesses;
f) comportar-se, neste mister, com independência e altivez, defendendo com o mesmo denodo humildes e poderosos;

g) exercer a advocacia com o indispensável senso profissional, mas também com desprendimento, jamais permitindo que o anseio de ganho sobreleve a finalidade social do trabalho;
h) aprimorar-se no culto dos princípios éticos e no domínio da ciência jurídica, de modo a tornar-se merecedor da confiança do cliente e da sociedade como um todo, pelos atributos intelectuais e pela probidade pessoal;
i) agir, em suma, com a dignidade das pessoas de bem e a correção dos profissionais que honram e engrandecem a sua classe.

Daí se extrai que "o não-induzimento ao exercício de ações desnecessárias e temerárias e o compromisso com a defesa de legítimos interesses" são o fundamento da ética do advogado, sob pena de responsabilidade civil frente ao texto do art. 8º do Código de Ética:

"O advogado deve informar ao cliente, de forma clara e inequívoca, quanto a eventuais riscos de sua pretensão e das conseqüências que poderão advir da demanda".

Ainda, pelo art. 20, "deve abster-se de patrocinar causas contrárias à ética, ou à validade de ato jurídico em que tenha colaborado, orientado ou conhecido em consulta; da mesma forma deve declinar seu impedimento ético quando tenha sido convidado pela outra parte, se esta lhe houver revelado segredos ou obtido seu parecer" (art. 20).

Reza, ainda, o Estatuto do advogado, em seus arts. 6º e 31:

"Não há hierarquia nem subordinação entre advogados, magistrados e membros do Ministério Público, devendo todos tratar-se com consideração e respeito recíprocos" (art. 6º);

"O advogado deve proceder de forma que o torne merecedor de respeito e que contribua para o prestígio da classe e da advocacia (art. 31).

Parágrafo 1º – O advogado, no exercício da profissão, deve manter independência em qualquer circunstância.

Parágrafo 2º – Nenhum receio de desagradar a magistrado ou a qualquer autoridade, nem de incorrer em impopularidade, deve deter o advogado no exercício da profissão.

Os Dez Mandamentos do Advogado

Ainda no campo da ética tem o advogado os dez mandamentos elaborados por Eduardo Jorge Coture:

1º – Estuda - O direito está em constante transformação. Se não lhe segue os passos, será cada dia um pouco menos advogado.
2º – Pensa - Estudando se aprende o Direito, mas é pensando que ele se exerce.
3º – Trabalha - A advocacia é uma árdua tarefa posta a serviço da justiça.
4º – Luta - Teu dever é lutar pelo Direito, mas se acaso um dia encontrares o Direito em conflito com a justiça, luta pela justiça.
5º – Sê leal - Leal para com teu cliente, a quem não deves abandonar senão quando te convenceres de que é indigno de ti. Leal para com teu adversário, ainda quando ele seja desleal para contigo. Leal para com o juiz, que desconhece os fatos e que deve confiar no que lhe dizes, e que, mesmo quanto ao Direito, às vezes, tem de aceitar aquele que invocas.
6º – Tolera - Tolere a verdade alheia assim como queres que a tua seja tolerada.
7º – Tem paciência – O tempo vinga das coisas feitas sem tua colaboração.
8º – Tem fé - Crê no Direito como o melhor instrumento para o humano convívio; crê na justiça como o objetivo normal do Direito; crê na paz como o substitutivo piedoso da justiça; acima de tudo, crê na liberdade, sem a qual não há Direito, nem justiça nem paz.
9º – Esquece - A advocacia é uma luta de paixões. Se cada batalha deixar em sua alma um rancor, logo chegará o dia em que a vida se terá tornado impossível para ti.
10º – Ama tua profissão - Procura estimar a advocacia de tal maneira, que no dia em que teu filho te pedir conselho sobre o seu destino consideres uma honra para ti aconselhá-lo a que se faça advogado.

c) O Médico no mundo jurídico

1.2 – Segundo a tradição, o famoso médico grego HIPÓCRATES (465-355 a.c.), nascido na Ilha de Cós, estudou medicina em Asclepieion de Cós e ainda em Cnido, Tessália, Egito e Ccíntia. Praticou tratando doentes e turistas que procuravam as águas termais do Cós. Viajou todo o mundo grego a serviço de sua profissão, alcançando grande fama. Platão mencionou-o no *Protágoras* e no *Fédon*. Teve chefes de Estado entre seus clientes. Há referência de que recusou chamado de Artaxerxes para combater a epidemia que vitimava o exército persa, alegando que sua honra não permitia que socorresse inimigos de sua pátria. Aristóteles o chamou "Hipócrates, o Grande". Para Galeno, foi o legislador da medicina, o médico ideal, que com pureza e santidade viveu sua vida e praticou sua arte. Muito imaginoso, mas objetivo, separou a medicina da religião, da filosofia e da magia, até então profundamente entrelaçadas. São numerosos os escritos que lhe são atribuídos, mas nem todos lhe pertencem. Faleceu bem idoso em Larissa, na Tessália.

Legou à humanidade e às profissões este expressivo juramento moral e ético:

"Prometo que, ao exercer a arte de curar, mostrar-me-ei sempre fiel aos princípios da caridade, da honestidade e da ciência. Nunca me servirei da profissão para favorecer o crime ou corromper os costumes, e que, penetrando no interior dos seres, os meus olhos serão cegos e minha língua se calará aos segredos que me forem revelados, os quais terei como preceito de honra."

Se cumprir esse juramento com fidelidade, goze eu, em minha vida e em minha arte, de boa reputação entre os homens. Se o infringir, ou dele me afastar, suceda-me o contrário".

"Se unidas e cumpridas as orações do médico e do advogado teremos uma sociedade justa e saudável, pois a ética do médico, da enfermeira e do advogado são éticas existenciais, existem para o homem e em razão do homem, existem em razão da criatura humana", valor-fonte da Ética e do Direito.

Extrai-se do juramento médico que "o compromisso humanitário com o indivíduo doente é fundamento essencial da ética médica", e que a chave para a terapia é a compreensão. Sem compreensão, nenhuma abordagem ou técnica terapêutica é significativa ou eficaz em nível profundo, porque o médico é um confessor. Somente com a compreensão é possível oferecer tal ajuda, pois todo paciente busca desesperadamente alguém que o compreenda; entrega-se com todas as esperanças de cura, confiante nos seus conhecimentos profissionais especializados e profundos, ainda ante o avanço tecnológico posto à sua disposição, aí não mais o mitificando nem sacralizando como no passado o médico de família, aquele no qual todos confiavam piamente e que sempre chegava em casa para cuidar desde o recém-nascido até o velho patriarca, com resultados que não importavam a cada um dos membros da família. Nesse diapasão expressa o art. 6º do Estatuto Médico o princípio basilar da moral e da ética médica, ao salientar que:

"O médico deve guardar absoluto respeito pela vida humana, atuando sempre em benefício do paciente. Jamais utilizará seus conhecimentos para gerar sofrimento físico ou moral, ou para o extermínio do ser humano, ou para permitir ou acobertar tentativa contra sua dignidade e integridade".

Os arts. 19 e 79, com outras normas morais e éticas, deixam evidente que o estatuto não existe para proteger o médico, mas sim o paciente, "da mesma forma que o Código de Ética do advogado não existe para protegê-lo e sim ao seu constituinte" (arts. 8, 20 e 25).

Rezam os artigos acima:

"O médico deve ter, para com seus colegas, respeito, consideração e solidariedade, sem, todavia, eximir-se de denunciar atos que contrariem os postulados éticos à Comissão de ética da instituição em que exerce seu trabalho profissional e, se necessário, ao Conselho Regional de Medicina (art. 19), sendo-lhe vedado acobertar erro ou conduta aética de médico (art. 79)".

Ainda, pelo art. 107, Capítulo IX, do estatuto médico é vedado ao médico:

"Deixar de orientar seus auxiliares e de zelar para que respeitem o segredo profissional a que estão obrigados por lei".

Também o art. 114 do estatuto dispõe:

"É vedado ao médico atestar óbito quando não o tenha verificado pessoalmente, ou quando não tenha prestado assistência ao paciente, salvo o caso de necropsia e verificação médico-legal".

Ainda aqui se impõe ao médico esta meditação no seu mais alto sentido ético:

"Ao curvar-te com a lâmina rija de seu bisturi sobre o cadáver desconhecido, lembra-te que talvez quando criança nunca tenha sido compreendido ou nunca tenha sido visto como indivíduo dotado de sentimento nem tratado com respeito, por sua condição humana, mas que talvez tenha nascido do amor de duas almas, crescido e embalado pela fé e esperança daquela que em seu seio o agasalhou; sorrido e sonhado os mesmos sonhos das crianças e dos jovens; talvez tenha amado e sido amado, e sentido saudade daqueles que partiram; acalentado e esperado um amanhecer feliz e agora jaz na fria lousa, sem que por ele se tivesse derramado uma lágrima sequer, sem que tivesse uma só prece.

Seu nome só Deus o sabe; mas o destino inexorável deu-lhe a grandeza de poder servir à humanidade que por ele passou indiferente".

Na sua realidade física, teve como atributo uma mente consciente que o fez consciente de sua própria existência tridimensional, porque total, indiviso – corpo, ego, espírito –, foi poder pensante com que se desenvolveu ao longo de suas experiências; como criatura social, força perceptivo-intuitiva a conferir significado à complexidade de sua existência no mundo do viver comum; tendo como alicerce a forma, que lhe deu realidade física para as excitações e desafios em face do desconhecido, enfrentou a escuridão, buscou a luz e afugentou o frio.

Tendo expressado e ilustrado seus misticismos, suas necessidades, ilusões e devaneios, medos e ansiedades, alegrias e sofrimentos, virtudes e "misérias", torna-se agora livre ao ser liberado da forma física para outra dimensão, porque "vida é a incessante e harmônica atividade sementeira de aglutinação aleatória de substâncias energéticas compatíveis na composição das formas, de uma delas surgindo o homem como forma-espírito, que só espírito se torna quando da perda energética da forma, porque tudo é movido por um impulso íntimo a tornar-se um tanto maior do que é: cada coisa é a forma e a realidade que se desenvolveu de alguma coisa que era a sua matéria ou sua matéria-prima. E cada coisa pode, por sua vez, ser a matéria de que se vão desenvolver formas mais elevadas ainda. Desse modo, o homem é a forma da qual a criança é a matéria; a criança é a forma da qual o embrião é a matéria; o embrião é a forma e o óvulo, a sua matéria, e assim vamos recuando até chegarmos, de modo vago, à concepção da pura matéria (prima), sem forma alguma e constante incremento e vitória de Deus, que, para Aristóteles, é a condição indispensável para concretizar a forma, é a causa inicial e final da natureza, o impulso e a finalidade das coisas, a forma do mundo, o princípio da vida e do mundo, o total de seus processos e poderes vitais, o escopo inerente de seu desenvolvimento, a estimulante enteléquia do todo, ou seja, a forma ou a razão que determinam a transformação ou criação de um ser".

Inclui-se, aqui, a laboriosa classe das enfermeiras, cuja importância só pode ser avaliada pelos que já estiveram entregues aos seus cuidados em momentos dos mais aflitivos, junto aos médicos a que servem, cumprindo com o coração a promessa que fazem ao abraçarem tão nobre e dignificante profissão:

"**Diante de Deus, em pleno uso de minha consciência, prometo cumprir fielmente os deveres de enfermagem, resguardando os preceitos da moral cristã, da ética e dos direitos humanos, exercendo com dignidade a minha profissão. Não infringir o Código de Ética, respeitando os pacientes a mim confiados, e aos meus superiores e colegas. Guardar sem esmorecimento o segredo profissional, preservando a honra e a dignidade da minha profissão".**

CAPÍTULO IV

OBRIGAÇÕES DE DILIGÊNCIA E DE RESULTADO DO ADVOGADO E DO MÉDICO

1. OBRIGAÇÕES DE DILIGÊNCIA

Há que se ter em conta que advogados e médicos estão sujeitos ao que se chama "obrigações de diligência e de resultado", que dizem respeito ao objeto da obrigação, ou, mais precisamente, ao fim colimado, a partir da escolha da ação própria, no caso do advogado, e da escolha do tratamento próprio, no caso do médico. Em ambos os casos, o erro no diagnóstico acarretará erro na terapêutica.

Assim é que, quando o advogado erra na escolha do caminho (ação), e a Justiça encerra o processo por considerá-lo impróprio para o caso examinado (impropriedade da ação), o advogado deve responder pelos encargos processuais e honorários de sucumbência. E se ao tempo do encerramento da ação impropriamente proposta já estiver prescrita a ação própria, deve responder pelos prejuízos acarretados ao cliente.

Da mesma forma, diagnosticada a doença pelo médico, e este adota um caminho (tratamento) incompatível (ação imprópria para o caso), deve também responder pelas conseqüências advindas ao paciente.

Na obrigação de diligência, ao advogado cabe propiciar ao cliente os meios jurídicos adequados e corretos na condução do processo, para atingir o resultado por ele pretendido. Por exemplo, num processo criminal, livrar o indiciado da pena prevista para o delito.

Ao médico, especialmente o clínico, cabe o estudo consciencioso dos sintomas, o diagnóstico, pesquisa e escolha dos métodos terapêuticos a serem ministrados, entre eles o aconselhamento ao paciente para proceder ou não a determinado tratamento, segundo avaliação de suas condições físicas, para evitar conseqüências danosas. Por exemplo, aconselhar ou não uma intervenção cirúrgica, ou, em outros casos, aconselhar o aborto a uma paciente grávida acometida de doença grave ou sob uso de medicamentos que possam atingir o feto e produzir seqüelas ao futuro ser, como a cegueira ou outra qualquer deformação física, atento que deve estar aos dados científicos, porque perseguir o objetivo mais modesto pode exigir múltiplos preparativos, sem que tenha assegurado o sucesso. Daí a importância e responsabilidade cada vez maiores do clínico geral ou especializado em determinada área da medicina; no mesmo nível diligencial respondendo o cirurgião, especialmente quando a imprensa tem noticiado o esquecimento de material usado durante a cirurgia dentro do corpo do paciente.

Até pela própria manutenção da espécie, o zelo pela vida deve motivar e orientar o médico, que é o designado para fazê-lo, com o que, num desfecho trágico da doença, não lhe seja acarretada qualquer responsabilidade, mesmo porque não se pode tê-lo como um ser todo-poderoso a quem baste querer para realizar.

O médico que, no atendimento ao cliente, se utiliza de meios adequados e indicados pela experiência, não age de forma culposa pelo simples fato de não ter, com seu atendimento, alcançado um resultado exitoso. O exame da conduta médica não se limita à sua diligência e experiência, mas também aos meios que oferece para a cura do paciente, que muitas vezes independe de uma larga experiência. Cumprindo com rigor tal diligência, e se o objetivo final não for atingido, não pode, por isso, ser responsabilizado, cumprindo ao credor dos serviços médicos demonstrar que houve culpa ou falta de diligência no cumprimento da obrigação.

2. OBRIGAÇÕES DE RESULTADO

Na obrigação de resultado, tem-se como objeto direto da obrigação um resultado definido. São obrigações de resultado aquelas nas quais o devedor se compromete a realizar, em favor do credor, uma determinada prestação destinada a obter um resultado concreto. Sua responsabilidade é presumida, a menos que mostre que o resultado foi alcançado, pois a frustração do resultado final gera responsabilidade, salvo se provar que não foi culpa sua, por uma circunstância súbita, inesperada.

Para o advogado, por exemplo, pode ser a obrigação de conduzir um processo de inventário, cujo resultado final é antecipadamente conhecido: a extinção do domínio do espólio e sua transferência ao herdeiro.

Para o médico, o exemplo pode ser a obrigação de proceder a uma cirurgia plástica objetivando o embelezamento de alguém, ou quando trabalha na área específica da anestesia.

Há que se ter em conta que a cirurgia plástica pode ser estética ou reparadora. Enquanto a estética busca o embelezamento, a reparadora tem finalidade curativa, porque o que se tem em vista é a correção de defeitos congênitos ou adquiridos, sendo de diligência a responsabilidade do médico.

Qualquer que seja a fonte da obrigação, o advogado e o médico, como qualquer outro profissional, estão vinculados ao cliente e ao paciente por meio de uma obrigação contratual ou aquiliana, e devem conduzir seus atos na direção de uma diligência comum, que é princípio comezinho a ser observado por qualquer profissional, um visando o término do processo e o outro, a plena cura do paciente. A Lei Aquília romana assegurava castigo à pessoa que causasse um dano a outrem, obrigando-a a ressarcir os prejuízos dele decorrentes. O Direito moderno ainda mantém vigentes leis que possuem semelhantes objetivos, pelo qual, na prática dos atos ilícitos, o agente não só é passível das imputações criminais reservadas à prática de tais atos, como autoriza o ofendido ou a família deste a exigir as indenizações resultantes dos prejuízos que o ato ocasionou, seja em virtude das despesas a que foi obrigado a fazer, como pelos lucros cessantes, em decorrência do ato criminoso.

Com efeito, o credor contrata para obter um certo resultado, e não com o desejo de impor uma diligência ao seu devedor. A realidade psicológica não corresponde à realidade concreta. As partes, naturalmente, fazem do resultado o objeto direto da obrigação. O marceneiro dirá que se comprometeu a fornecer uma mesa, o transportador, a entregar um objeto em determinada cidade; porém, indo-se ao âmago das coisas, o que eles assumiram ao contratar, aquilo que eles acrescentam à sua tarefa cotidiana, é a diligência necessária para construir a mesa, ou transportar o objeto. É o que ocorre em todas as atividades profissionais.

CAPÍTULO V

ÉTICA NO JORNALISMO

1 – No Subtítulo "DAS RESPONSABILIDADES GERAIS", do DEC.-LEI 860, de 11.9.1969, reza o art. 2º, letra d:

"Art. 2º – Ao profissional de Relações Públicas é vedado:

d) disseminar informações falsas ou enganosas, ou permitir a difusão de notícias que não possam ser comprovadas por meio de fatos conhecidos e demonstráveis".

E o Código de Ética do jornalista, aprovado pela Conferência/Congresso de Jornalistas, de 1985, no Rio de Janeiro, e modificado pelo XXI Congresso Nacional de Jornalistas Profissionais, em 1986, em São Paulo, reza em seus arts. 2º, 3º e 7º:

"Art. 2º – A divulgação da informação, precisa e correta, é dever dos meios de comunicação pública, independente da natureza de sua propriedade.

"Art. 3º – A informação divulgada pelos meios de comunicação pública se pautará pela real ocorrência dos fatos e terá por finalidade o interesse social e coletivo.

"Art. 7º – O compromisso fundamental do jornalista é com a verdade dos fatos, e seu trabalho se pauta pela precisa apuração dos acontecimentos e sua correta divulgação.

E no art. 9º, letra f e g, está dito:

"Art. 9º – É dever do jornalista:

f) combater e denunciar todas as formas de corrupção, em especial quando exercida com o objetivo de controlar a informação;

g) respeitar o direito à privacidade do cidadão".

Impõem tais normas ao jornalista o compromisso com a notícia qualificada, apurada e editada com responsabilidade e transmitida com rigor, não se permitindo o próprio jornalista, por questões morais e éticas, abafar ou esconder as falcatruas cometidas nas instituições, em detrimento dos sagrados interesses da sociedade, eis que, graças à atuação da imprensa, é que a sociedade tem tomado conhecimento dos mais escandalosos atos de corrupção e seus autores.

Os que trabalham com informação não tem a prerrogativa da conveniente amnésia, sob pena de incorrerem no crime de omissão, ao não apresentarem todos os dados disponíveis para que, de posse deles, o eleitor possa fazer suas escolhas a partir de critérios os mais objetivos possíveis, não obstante eventuais erros inerentes a uma atividade submetida a tensões, por seu caráter investigativo e informativo, deve perseguir a verdade dos fatos, porque o papel da imprensa, numa democracia, é exatamente atravessar a fachada dos fatos e revelar o que por trás deles se esconde. E atravessar os fatos, interpretá-los, diz respeito ao caminhar por uma cadeia decodificadora que, ao desestruturar uma informação recebida, se coloca diante da sua notabilidade, até então, ideologicamente embalada.

O universo de conhecimentos necessários, para que essa atividade seja exercida com êxito, certamente é muito maior que os sentidos naturais do homem, não podendo ser reduzido ao nível do bom senso, por não estar explicitado de forma completa em nenhuma fonte.

Além dos mecanismos relacionados com a técnica de desestruturação da informação, há que se considerar o contexto em que foi produzida, ampliando o universo de conhecimentos envolvidos com a interpretação, eis que aplicá-la a um novo contexto em face do leitor ou do telespectador não se constituirá em tarefa menos fácil, ainda porque a liberdade de informação esbarra nas fronteiras intransponíveis da esfera ético-jurídica, como salvaguarda dos valores éticos da pessoa humana, devendo a informação jornalística ser trazida a público com indícios veementes da existência dos fatos informados, e não dêem lugar a meras conjecturas.

Possuir a capacidade de operar a informação em todas as suas variações, de forma inteligente, exige fundamentação com verossimilhança, ou seja, busca da informação correta e ética. É claro que essa missão de informar implica amplo poder de investigação, podendo-se afirmar que a imprensa é como o Ministério Público da sociedade civil, aplicando-se-lhe, nessa tarefa, os mesmos critérios de prudência e comedimento conaturais àquela instituição. Donde se conclui que aos meios de comunicação cabe o poder-dever de proceder à investigação sobre determinados fatos ou atos causadores de danos aos indivíduos, à sociedade civil e ao Estado, mas não se precipitando a divulgar conclusões ainda não devidamente comprovadas.

Para a apontada missão de formação ética e cultural do povo é que a mídia, em todas as suas modalidades, deve ter a garantia da maior liberdade, sem a qual não há verdadeira democracia. Isso nos remete basicamente ao princípio da responsabilidade, já anunciado por Platão, que governa a ética e a moral, tornando cada um responsável por seu destino.

No que tange às campanhas políticas, deve o jornalista trabalhar a imagem do candidato associada ao seu ideal político, à verdadeira idéia do candidato, e não o que por antecipação se encontra nas pesquisas da opinião pública, bastas vezes falseadas. Se cabe ao profissional da imprensa informar, também lhe compete o superior dever de transmitir formação ética e intelectual aos leitores ou telespectadores, havendo certo sentido pedagógico nessa função.

67

CAPÍTULO VI

INDENIZAÇÃO POR LESÃO A DIREITOS PERSONALÍSSIMOS

1 – Sendo certo que os princípios que informam o Direito Natural são tomados como regra na formação do Direito Objetivo (abstrato por oposição ao Direito Posto), que, convertido em modelos, paradigmas estabelecidos em leis e regulamentos para servirem de padrão na maneira de agir, segundo as peculiaridades de cada povo nas suas relações sociais e estruturas político-históricas, em sentido estrito e literal, compreende-se que o "**Direito**" é, antes de tudo, **intuitivo**, porque projeção do espírito humano frente aos fatos sociais, que ao Estado cabe solucionar e estruturar, por normas jurídicas substantivas gerais e justas, e a elas subordinar-se como expressão da igualdade e liberdade asseguradas aos cidadãos.

Mas não se há de perder de vista que os direitos consagrados na Lei Maior e na legislação comum só têm sentido quando esses direitos podem ser assegurados na vida real, prevalecendo, sobre a letra fria da lei, fatos e valores supervenientes que vieram modificar totalmente a realidade sobre a qual incidem os mandamentos legais.

Segundo as peculiaridades e estruturas políticas e sociais nas mais diversas sociedades em todos os tempos, tomemos como exemplo a sociedade romana antiga, quando nenhum direito ou dignidade se reconhecia ao escravo, como emanação ou atributo de sua condição de ser humano, de sua condição de pessoa, e assim negando-lhe personalidade, e sobre o qual recaía o poder do seu senhor, como seu dono, senhor do seu destino.

Uma primeira manifestação de tutela da personalidade surge com a *Lex Poetelia,* em 326 a.c., que proibiu a morte e o acorrentamento do executado, extinguindo o *nexum* entre a vida e o corpo do devedor, ao contrário do que permitiam as XII Tábuas.

Também, com a *Lex Cornelia,* promulgada em 81 a.c., passou-se a proteger o domicílio contra sua violação, considerando-a crime.

Em monografia sobre Direitos da Personalidade, e citando em nota de rodapé Giordani de Chamum, informa Elimar Szaniawsk que:

"A doutrina tradicional atribuiu aos romanos a elaboração da teoria da personalidade. Para o Direito Romano, a expressão **personalidade** restringia-se aos indivíduos que reunissem os três **status,** a saber: o status libertatis, o status civitatis e o status familiae. Quem não possuísse a liberdade não possuía nenhum outro **status**, a exemplo dos escravos que não possuindo a liberdade, não sendo cidadãos e nem podendo constituir família por meio de justas núpcias, não tinham personalidade, apesar de serem seres humanos"[11].

No decorrer dos séculos, outras legislações surgiram com expressa finalidade de defender direitos já então considerados fundamentais da pessoa humana, como na Inglaterra a Lei do *Habeas-Corpus,* de 1679, e na França a Declaração dos Direitos do Homem e do Cidadão, de 26.8.1789.

In Elementos de Direito Natural ou de Philosofia do Direito, em 2ª edição publicada pela Universidade de Coimbra em 1850, pp. 52 e 53, escreveu Vicente Ferrer Neto:

"Como, pois, os direitos absolutos se deduzem da natureza fundamental do homem, é fácil de ver que deve haver tantos direitos absolutos, quantas forem as qualidades essenciais e fundamentais da natureza humana.

A primeira qualidade do homem, que abrange todas as outras, é a de pessoa, da qual lhe resulta a qualidade moral e jurídica, 'podendo exigir dos outros que não o tratem como

---

[11]. *Direitos da Personalidade e Sua Tutela,* p. 15.

coisa ou mero meio para seus fins arbitrários', senão como ente racional extremamente livre, que tem um fim próprio. Desta qualidade fundamental, resta um direito absoluto ou primitivo, que o homem tem sobre si mesmo, e pelo qual diante de seus semelhantes ousa viver e conservar-se com todas as vantagens, de que a natureza dotou sua alma e seu corpo. Esse direito pode chamar-se direito da personalidade, considerado no sentido subjetivo.

"O direito da personalidade, pois, considerado objetivamente, compreende todas as condições necessárias para a conservação e desenvolvimento da personalidade, reconhecimento e respeito da dignidade moral e jurídica do homem. Portanto, nele se encerram todos os outros direitos absolutos, que dele podem derivar-se" (tradução de Elimar Szaniawsk, p. 47).

2 – Os atributos da personalidade são acolhidos pelos ordenamentos jurídicos como intrínsecos à natureza humana, e os tutelam nessa condição como absolutos, **e não se confundem com o direito estabelecido em lei ordinária,** em que o Estado regula direitos e obrigações, bem com a capacidade de adquirir direitos e contrair obrigações.

Emergem como direitos personalíssimos, porque dotados dos caracteres especiais da intransmissibilidade e irrenunciabilidade, para uma proteção eficaz do sujeito como pessoa, em função de possuir, como objeto, os bens mais elevados do homem. Por isso, diz Carlos Alberto Bittar: "é que o ordenamento não pode consentir que dele se despoje o seu titular, emprestando-lhe caráter essencial. Daí são, de início, direitos intransmissíveis e indispensáveis, restringindo-se à pessoa do seu titular.

São direitos que transcendem, pois, ao ordenamento jurídico positivo, porque inscritos na própria natureza do homem, como ente dotado de personalidade. Intimamente ligados ao homem para sua proteção jurídica, independentes de relação imediata com o mundo exterior ou outra pessoa, são intangíveis, *de lege lata*, pelo Estado, ou pelos particulares" (*Os Direitos da Personalidade e Sua Tutela*, p. 11).

3 – Os atributos do ser humano não nascem de normas elaboradas pelo Estado, porque preexistentes, fundamentais e inerentes ao homem. Este goza de tais atributos, não porque o legislador os quis tornar positivos, mas porque seu caráter alude necessariamente à condição humana e à estrutura da vida, **como Direitos Naturais,** exercitados como algo intrínseco à sua natureza, seu corpo, seus membros, etc., integração e condição de cidadania; são a medula da personalidade no seu sentido filosófico, realizáveis no ordenamento jurídico como direitos personalíssimos em sua dimensão física, mental e emocional, devendo ser considerados e protegidos pelo Estado como absolutos, irrenunciáveis e intransmissíveis, por ser seu dever fundamental a garantia do cidadão, vista aí, necessariamente, dentro de um conceito universal e indivisível dos direitos humanos, a exemplo da Declaração Universal dos Direitos Humanos, e só se extinguem com a morte da pessoa, seu titular exclusivo, na linha do brocardo latino *mors omnia solvit (a morte tudo absolve; a morte tudo solve),* preservando nosso Código Penal, nos arts. 209 a 212, o respeito aos mortos.

4 – Quando há ofensa a algum atributo intrínseco ou extrínseco da pessoa, o Estado põe à disposição do ofendido instrumentos de defesa como valorização da cidadania e dignidade pessoal, que conduzem a uma mais auto-estima e preservação dos valores que emergem do ser mesmo do homem. Não é necessário, por exemplo, que a lesão moral (atributo extrínseco) produza prejuízo material, para que exista a reparação, mas é importante que o próprio comportamento habitual da pessoa ofendida esteja dentro de padrões aceitáveis de bons costumes.

Assim, não somente a lesão anímica, psicológica, que produza prejuízo material, i.e., prejuízo nos recursos de sobrevivência da vítima, é que é alvo de indenização. Ao contrário, cada bem ou interesse lesionado é objeto de uma indenização própria.

Portanto, se a ação maléfica causou uma lesão física (atributo intrínseco) que impediu o profissional liberal de exercer suas atividades por um mês, por exemplo, além de o ofensor ter de pagar essa remuneração interrompida, também arcará com a indenização pela perturbação anímica que o profissional sofreu.

A reparação por lesão moral propriamente dita tem um misto de pena e compensação. É dizer:

a) pena ao lesante, mostrando à sociedade que essas atitudes maldosas e anti-sociais não se toleram, aliás merecem a repúdia de todos, impedindo que ele as pratique novamente;

b) compensar o lesado, nas suas devidas proporções, das conseqüências maléficas sofridas em decorrência do ataque sofrido.

Conspirou contra o desenvolvimento da dogmática civil da lesão anímica, o argumento segundo o qual essa lesão jamais poderia gerar indenização, porque a vítima nunca seria reconduzida ao estado em que se encontrava antes da lesão, eis que o dinheiro não serve para substituir um bem que não pode ser estimado em valor pecuniário. Para circundar essa questão, foi adotado o princípio de que existe uma indenização por equivalência. Para isso o dinheiro é servível, porque a indenização é incompleta e aproximada. E o dinheiro outorga à vítima ou seus familiares bens que compensem o sofrimento produzido pela lesão.

A impossibilidade da reparação que não contenha exatidão monetária não pode servir de argumento para impedir a reparação da lesão anímica, psicológica, porque o ofensor seria beneficiado em detrimento de um dos pilares do Direito, o princípio latino neminem laedere, em que não se permite que outrem seja prejudicado em seus interesses, e do princípio insculpido no art. 186 da legislação civil pátria.

Tanto os bens intrínsecos e extrínsecos da pessoa, quanto os bens patrimoniais de que trata o art. 952 do Código Civil, produzem satisfações íntimas. Possuí-los sem ruptura, sem quebrantos e sem interferência interna que atrapalhe o usufruir desses bens é – como dizia John Locke, no século XVII, na Inglaterra – possuir as coisas que produzem prazer.

Toda supressão de um bem, por lesão anímica, material ou patrimonial, porque retira a possibilidade de a pessoa usufruí-lo, constitui um menoscabo motivado pela insatisfação da privação do bem, como parte integrante da sua personalidade, porque "lesão é expressão que vem ligada à idéia de destruição que alguém experimenta em seus bens".

Mas criou-se em nosso país a indústria da remuneração do *pretium dolores*, ou seja, "o preço da dor" de quem se diz ofendido, sendo hoje objeto de reparação de lesão moral qualquer coisa que possa ser aproveitada com objetivo financeiro, como se a honra tivesse preço e devesse ser restabelecida, não por um ato de dignidade, mas por um punhado de dinheiro.

É de ter-se presente que já o Anteprojeto do Código de Obrigações de 1941, elaborado por Orozimbo Nonato, Hanemann Guimarães e Philadelpho Azevedo, recomendava que a reparação da lesão moral deveria ser "moderadamente arbitrada". Essa moderação tem por finalidade evitar a perspectiva de lucro fácil e generoso, enfim, de locupletamento indevido.

5 – Ao Estado compete a elaboração de normas de defesa da cidadania e da dignidade da pessoa humana, valorando-a para efeito compensatório pecuniário diante de agressões ilícitas que ocasionem ferimentos ou morte, proteção conferida ao cidadão pela legislação civil pátria, por exemplo, no do art. 948 para casos de homicídio, no art. 953 para os crimes de injúria, calúnia ou difamação, adotando-se o art. 49 da lei penal como norma subsidiária para o arbitramento da indenização por prejuízo 'material' decorrente da lesão, e os arts. 1.694 a 1.697 e 1.699 para os casos de prestação de alimentos.

Art. 948. No caso de homicídio, a indenização consiste, sem excluir outras reparações:

I – no pagamento das despesas com o tratamento da vítima, seu funeral e o luto da família;

II – a prestação de alimentos às pessoas a quem o morto os devia, levando-se em conta a duração provável da vida da vítima.

Art. 953. A indenização por injúria, difamação ou calúnia consistirá na reparação do dano que delas resulte ao ofendido.

Parágrafo único. Se o ofendido não puder provar o prejuízo material, caberá ao juiz fixar, eqüitativamente, o valor da indenização, na conformidade das circunstâncias do caso.

O art. 954, que trata da liberdade pessoal, tem aplicação ampla e protege a pessoa contra os crimes dos arts. 213, 214, 217 e 219 do Código Penal.

Dispõe o art. 954:

A indenização por ofensa à liberdade pessoal consistirá no pagamento das perdas e danos que sobrevierem ao ofendido, e se este não puder provar o prejuízo, tem aplicação o disposto no parágrafo único do artigo antecedente.

Parágrafo único. Consideram-se ofensivos à liberdade pessoal:

I – o cárcere privado;

II – a prisão por queixa ou denúncia falsa ou de má-fé;

III – a prisão ilegal

CAPÍTULO VII

A LIBERDADE COMO VALOR IGUALITÁRIO

a) Quando da elaboração deste trabalho, o mundo era sacudido por uma das mais violentas, insanas e fanáticas ações terroristas jamais vista, no dia 11.9.2001, conduzida pelo governo Taleban do Afeganistão e seu outro braço armado comandado Osama Bin Laden, seqüestrando aviões de passageiros com os quais destruíram em Nova York as torres do World Trade Center e parte do Pentágono, matando cerca de 6.000 pessoas inocentes, que trabalhavam e produziam para o crescimento de seu país, por não aceitarem os agressores a democracia e as liberdades individuais e coletivas dos cidadãos, provocando a guerra que levaria à sua própria queda e à liberdade do povo afegão, proibido de viver como devem viver os seres humanos.

O que se viu em seguida foram as manifestações de alegria, com os homens fazendo a barba e as mulheres tirando a burka e pintando os rostos num verdadeiro culto à beleza, além de novamente poderem assistir com liberdade a programas de rádio e televisão e jogar futebol no campo onde antes passara a ser local de execução em público dos que ousavam contra o poder absoluto.

A liberdade é um dos valores intrínsecos e igualitários da personalidade humana, ou seja, do indivíduo considerado na sua individualidade, mas o exercício da liberdade se regula, na sociedade organizada, por normas legais estabelecidas pelo Estado, para garantia da própria liberdade individual. **Non bene prototo libertas vendetur auro:** não há ouro suficiente para pagar a liberdade. Frase extraída da fábula n. 54 de Esopo, com a qual se quer dizer que a liberdade não tem preço que a possa comprar; o homem sente a liberdade como algo de inato em si próprio e que o acompanha a vida toda, em todos os seus atos. Por isso, Dante, no *Purgatório*, Canto I v. 71-72, falando de Catão de Uticense, que preferiu suicidar-se a perder a própria liberdade, depois de ter perdido a batalha de Tapso em Útica, batalha enfrentada contra os que julgava inimigos por apoiarem a candidatura de César, com o qual teria acabado a república e iniciado um governo totalitário. Dante, referindo-se a este episódio, assim escreveu:

Libertas va cercando, che é sí cara, come sa chi per lei vita rifiuta: Liberdade a procurando, que é tão cara, como bem sabe quem por ela renuncia à vida[12].

Não consiste a liberdade em fazer tudo o que se gosta de fazer, satisfazendo caprichos, mas o que se gosta de fazer dentro dos limites do bom e do justo, i.e., dentro dos limites que a lei impõe para que outrem não seja prejudicado. É como se dizer que "é preciso respeitar o vermelho para se ter liberdade no verde". É a idéia de limite expressando a idéia de "padrão de comportamento" em seus diversos matizes, em suas diversas formas. **Sub lege libertas.** A liberdade sob a lei.

Eis a célebre sentença de Justiniano:

"A liberdade é a faculdade natural das pessoas fazerem algo de seu agrado, a menos que isso lhe seja impedido ou pela força ou pelo direito".

Daí o aforismo **"Qui iure suo utitur, neminem laedit"**, que se entende "que quem faz valer seu direito, amparado na lei, não causa prejuízo a outrem". Donde o aforismo **"O direito de um termina onde começa o do outro"**[13].

Substituindo a expressão Direito por Liberdade, eis o aforismo kantiano: **"A liberdade de cada um acaba onde começa a de outrem".**

Certamente é a liberdade de exercício do próprio direito que acaba onde começa a liberdade de exercício de outrem, como equilíbrio dos interesses contrapostos, tendo-se em conta que "o Direito visa a ordem jurídica da sociedade, limitando não só o

---

12. Brocardos Jurídicos de Amilcare Carletti, n. 423 - Editora Universitária de Direito - LEUD.
13. Brocardos Jurídicos de Amilcare Carletti, n. 301 - Editora Universitária de Direito - LEUD.

ato exterior, como ainda o ato de vontade, razão pela qual o realismo do Direito é o seu Poder de Limitar o Uso do Livre Arbítrio na Conduta Humana".

Herbert Spencer, no século XIX, sentencia: "Todo homem é livre para fazer o que queira, contanto que não infrinja a igual liberdade de qualquer outro".

A liberdade absoluta somente seria possível se o homem vivesse insulado. E como o isolamento é uma impossibilidade real, pois a convivência em sociedade é própria do ser humano, ele necessita, além de viver, de conviver em reciprocidade, em interação social. É inconcebível imaginar o homem vivendo e dependendo unicamente de suas forças, vivendo de maneira auto-suficiente. Por isso mesmo e porque não lhe é possível o isolamento, é necessário que a liberdade encontre freios para que uns não eliminem os outros. Essa limitação é necessária, pois visa a harmonizar o exercício da liberdade por parte dos demais integrantes da sociedade. O que determina a vida em sociedade, de forma essencial, é a coexistência pacífica de qualquer liberdade, seja física, intelectual, de ir e vir, etc. Por mais estranho que possa parecer, paradoxal até, a manutenção da liberdade está intrinsecamente ligada à sua limitação. Desconhecer a liberdade de terceiros e avançar na liberdade alheia impede o bem-estar pessoal da comunidade onde todos vivem. A cada liberdade existe o correspondente dever de respeito à liberdade dos demais.

b) Dotado de inteligência para criar valores que enriquecem e justificam sua existência, deve o ser humano ser considerado o fim supremo da Sociedade e do Estado, para proteção dos atributos intrínsecos e extrínsecos constitutivos da sua personalidade, como direitos personalíssimos, naturais, reconhecidos em normas elaboradas pelo Estado.

A valoração dos atributos extrínsecos é que habilita a ética consagrar, como modelo ou paradigma, o comportamento das pessoas, que deve prevalecer como regra de julgamento íntimo, de juízo da própria consciência, ou como regra de conduta social, no mundo do viver comum. Porque imanentes ao ser humano na sua conduta social desde suas primeiras comunidades, não nascem do Texto Constitucional, devendo, portanto, ser vistos como objeto da ética, porque o caráter de tais atributos alude necessariamente à condição humana e à estrutura da vida.

Sujeitos tais atributos ao subjetivismo, este bloqueia, muitas vezes, a consciência e o bom senso diante das circunstâncias serpentinosas da vida, podendo-se afirmar que Moral e Direito são conceitos relativos tanto quanto os preceitos legais, por efeito da constante transformação que todo novo tempo traz e destrói o que antes era tido como moral e ético pelas gerações precedentes, tendo-se na ética o estudo sistemático das relações humanas no âmbito da vida, consideradas à luz de valores e princípios morais vigentes. "Mesmo porque nenhuma lei é cômoda para todos" (*Nulla lex satis commoda omnibus est*).

CAPÍTULO VIII

USO INDEVIDO DA IMAGEM DO MORTO

1 – Evidentemente, o morto não é sujeito passivo de crime, apenas admitindo-se certas exceções, "como no caso de ocorrer a existência de efeitos reflexos que venham a atingir os familiares e pessoas ligadas ao morto, ofendendo seus sentimentos, quando então, apesar da extinção do citado direito pela morte do *de cujus*, entendem alguns, deverá continuar a existir durante algum tempo **a tutela da imagem do morto,** contra os atos de divulgações de fatos, imagens e aspectos íntimos desnecessários, somente para satisfazer a curiosidade popular, ou mesmo venham a constituir ofensa à memória do morto", tal como decidiu a 7ª Câmara Cível do TJRJ, na Medida Cautelar de Busca-e-apreensão de película cinematográfica, requerida por familiares do famoso pintor Emiliano Di Cavalcanti, que se rebelaram contra a exibição da película, cujo início se dava no velório do pintor. Está expresso na ementa:

"Com a morte da pessoa, o direito desta à própria imagem termina. O direito dos herdeiros é material e não incide sobre a própria imagem do morto" (Apelação 18.515).

Em nossa sistemática jurídica, recorrendo, por analogia, ao parágrafo 4º do art. 100 do Código Penal, cabe aos familiares do morto o direito de se preservarem contra "o uso indevido da imagem do morto", com divulgação de fatos de sua vida, e que lhes possam causar insatisfação, mal-estar, ou algum outro inconveniente no relacionamento familiar ou social, como no caso de ocorrerem efeitos reflexos que venham a atingir os familiares ou pessoas ligadas ao morto, ofendendo seus sentimentos, quando então, apesar da extinção do citado direito pela morte do *de cujus*, deverá continuar a existir essa tutela aos familiares, contra atos de divulgações de fatos, imagens ou aspectos íntimos desnecessários, ou mesmo venham a constituir ofensa à memória do morto.

Diferente é o caso da lesão indireta sofrida por familiares da vítima morta por ato de outrem. A vítima sofre lesão direta e morre em conseqüência dela. Os familiares sofrem lesão indireta e tornam-se legitimados processualmente para o exercício da ação ressarcitória. É o caso, por exemplo, do pai de família que morre em acidente de trânsito. O pai sofreu lesão direta. É a vítima. Porém, em razão mesmo da morte, são a mulher e os filhos os prejudicados de forma oblíqua e têm legitimidade ativa para a ação de ressarcimento dos danos produzidos com a morte da vítima.

CAPÍTULO IX

INTERESSE MORAL E MATERIAL PARA EFEITO INDENIZATÓRIO

1 – No convívio social, o homem conquista valores e bens que formam o acervo tutelado pela ordem jurídica. Alguns deles se referem à própria personalidade humana e outros ao patrimônio material em seu sentido amplo, i.e., tudo o que ele conquista. É direito seu, portanto, preservar a incolumidade da sua personalidade, bem como manter livre de ataques ou moléstias de outrem os bens que constituem seu patrimônio ideal e real. O respeito à pessoa humana é o móvel do Direito e da vida de relação, do viver em sociedade, "do viver comum", na fala de Miguel Reale.

Ninguém pode molestar uma pessoa sem que a resposta do Direito contra a lesão seja imediata. Os gregos, sempre tão precisos no sentido vocabular dos termos, utilizavam o termo *aponia* para significar toda e qualquer ausência de sofrimento, e *ataraxia* que é a tranqüilidade da alma. É o estado de bem-estar integral. O rompimento desse bem-viver, desse bem-estar integral, de forma dolosa ou culposa e que o modifique causando algum tipo de perturbação anímica, ferindo a *aponia,* e deixando ao largo a *ataraxia,* pode constituir a lesão moral.

A *contrario sensu*, não existirá lesão que chegue a afetar o patrimônio moral e real de alguém, pois a lesão é pressuposto da obrigação de indenizar o prejuízo produzido, "que também pode surgir no futuro", desde que provada sua relação com o fato pretérito no momento da propositura da ação.

É da substância da lesão, para ser ressarcível o prejuízo, estar este presente no momento em que o prejudicado efetuar seu pedido na órbita judicial. Onde não houver prejuízo moral, não haverá a correspondente responsabilidade jurídica.

2 – Os direitos personalíssimos são também chamados direitos da personalidade, porque considerados como "prerrogativas de conteúdo extrapatrimonial, inalienáveis, perpétuos e oponíveis *erga omnes,* que correspondem a cada pessoa por sua condição de tal, desde antes do nascimento até depois de sua morte, e das que não podem ser privadas pela ação do Estado nem de outros particulares, porque isso implicaria em deterioração da personalidade", é o que mostra Júlio Rivera na página 7 da sua *Instituciones de Derecho Civil.*

De igual modo, outros tantos valores estritamente pessoais, enquanto correspondentes ao sujeito mesmo, não podem ser separados de sua pessoa, muito menos ser diminuídos ou mutilados, não sendo mais aceitável afirmar que o ressarcimento por lesão moral consiste em prostituir a dor com dinheiro, muito menos argumentar que a impossibilidade de o Estado tutelar essa espécie de lesão reside na falta de quantificação do valor do ressarcimento.

A defesa dos direitos da personalidade **com reflexo indenizatório,** em nosso sistema jurídico, vem expressa no art. 5º, V, da Constituição, que "assegura o direito de resposta, proporcional ao agravo, além da indenização por 'dano material', moral ou à imagem", princípio reafirmando o art. 186 do Código Civil: "Aquele que, por ação ou omissão voluntária, negligência ou imprudência, violar direito ou causar dano a outrem, 'ainda que exclusivamente moral', comete ato ilícito".

A moral propriamente dita, sendo uma dimensão da vida social e profissional prática, se expressa por diversas formas e diversos espaços. E o interesse moral a que se refere o inciso do texto constitucional deve ser entendido em seu sentido mais amplo para consideração de situações em que alguém se veja injustamente desacreditado, como desprovido de princípios morais e éticos perante seu núcleo familiar, profissional, social ou mesmo comercial, por ação injuriosa, difamatória ou caluniosa de outrem, a teor dos arts. 953 do Código Civil e 138 a 140 do Código Penal.

Sobre o art. 76 do Código Civil de 1916, ed. 1977, vol. I, p. 177, ensina Washington de Barros em seu Curso de Direito Civil:

"O interesse moral, a que se refere o art. 76 (Código Civil de 1913), diz respeito à honra, à liberdade, ao estado da pessoa, ao decoro e à profissão".

Nessa linha é que o legislador constituinte de 1988, no inciso X do art. 5º, tratou especificamente de alguns direitos personalíssimos, tais como a vida privada, a intimidade, imagem e honra, afirmando a inviolabilidade desses direitos. E clamando por indenização contra quem os vulnere, explicitou a Constituição sobre o dano moral, lançando uma pá de cal sobre qualquer tendência que vise a apequenar o ressarcimento dessa lesão.

3 – A lesão moral propriamente dita, de avaliação subjetiva, toca de perto os **atributos extrínsecos** da pessoa, ligados aos delitos de injúria,difamação ou calúnia a que se referem os arts. 138 a 140 do Código Penal e 953 do Código Civil, enquanto a lesão a **atributo intrínseco,** toca de perto a sua realidade física, porque tendo como atributo uma mente que a faz consciente de sua própria existência tridimensional, porque total, indiviso, composto de corpo, espírito, ego, é poder pensante com que se desenvolve ao longo de suas experiências.

Uma lesão biológica, por ato de outrem, por exemplo, é lesão a atributo intrínseco da pessoa, passível de reparação pecuniária segundo a extensão do sofrimento e angústia provocados pela lesão.Mas não tem a mesma natureza jurídica dos delitos dos arts. 138 a 140 do Código Penal, "porque esses delitos produzem conseqüências danosas na imagem da pessoa ofendida no âmbito do seu círculo de relações".

Afinada com as legislações modernas, a Constituição de 1988 considerou que, ao lado dos patrimoniais, outros bens existem que merecem igual proteção. Garantidas nas Constituições, nas leis penais e civis, a honra, a vida privada, a intimidade, a imagem, a saúde, a integridade corporal, etc., **como atributos da personalidade,** qualquer lesão a um desses atributos não deixa de ser emanação do ser humano como pessoa, constituindo prejuízo que deve ser reparado,**"mas ainda comportando exceções",** porque nem todo ato ilícito resulta em lesão moral e material, devendo o julgador repudiar as tentativas ilícitas com o uso de uma linguagem corrompida e falseada com intuito indenizatório.

Cabe interpretar o texto constitucional sem perder de vista o comportamento habitual, social e profissional da vítima, se dentro ou fora dos padrões exigidos pelos bons costumes, o autorespeito, a autocrítica, pudor, não se tendo como natural a perda de valores sob a ótica de que os tempos mudaram, porque estes destruíram o próprio sentimento de autocrítica, quando os lares são invadidos por programações de televisão do mais baixo nível, com os piores exemplos aos infantes e adolescentes ainda em sua fase de formação moral, o que denuncia a falência de uma sociedade que prima pela aceitação da deformação moral do infante e do adolescente já na fase inicial da formação de seu caráter, formando uma sociedade de indigentes morais, exigindo redobrados cuidados do julgador contra a exacerbação do conceito de prejuízo moral com pretensão indenizatória.

CAPÍTULO X

INTERESSE DE AGIR E DIREITO SUBSTANTIVO INDIVIDUAL

1 – Os **direitos decorrentes dos atributos da pessoa humana não se confundem com os direitos decorrentes de lei ordinária,** em que o Estado regula direitos e obrigações, bem como a capacidade de adquirir direitos e contrair obrigações, ao lado do direito subjetivo de exercitar ou não tais direitos.

São direitos que se identificam com os Direitos Naturais acolhidos pelos ordenamentos jurídicos como intrínsecos à natureza humana, e os tutela nessa condição como direitos absolutos.

Outra diferença é que o **interesse de agir** para obter a tutela jurídica na reparação da lesão a atributo da personalidade emerge do sentimento de ver lesionado um dos bens que compõem a subjetividade da pessoa humana (que o Estado protege por interesse próprio), enquanto o mesmo **interesse de agir** para obter a tutela jurídica para reparação de direito substantivo individual decorre da obrigação imposta ao causador do dano de recompor o direito alheio pelos meios adequados previstos na lei para cada caso concreto, "seja pela reparação dos danos causados, seja pela devolução do exercício do direito" que fora retirado do seu titular. Por exemplo: reparação dos danos causados à propriedade alheia, e a devolução do exercício da posse que fora subtraída pelo usurpador.

O **direito substantivo individual** advém da particularização do direito posto como regra geral, para realizá-lo em favor do particular, pondo-o sob seu arbítrio para que o exerça ou não, segundo sua vontade exclusiva no exercício da Liberdade Jurídica (direito subjetivo contido no inciso II do art. 5º da Constituição Federal) de exigir ou não a tutela jurídica do Estado para sua defesa ou reparação, "seja de que natureza for o direito", patrimonial (real) ou personalíssimo.

Os direitos personalíssimos são dotados de caracteres especiais, para uma proteção eficaz da pessoa humana, em função de possuir, como objeto, os bens mais elevados do homem. Por isso é que o ordenamento não pode consentir que dele se despoje o titular, emprestando-lhe caráter essencial. Daí, são, de início, direitos intransmissíveis e indisponíveis, restringindo-se à pessoa do titular e manifestando-se desde o nascimento, como reconhecido no art. 2º da lei civil pátria:

"**A personalidade civil da pessoa começa do nascimento com vida; mas a lei põe a salvo, desde a concepção, os direitos do nascituro.**"

Na fala de Carlos Alberto Bittar, "são direitos que transcendem ao ordenamento jurídico positivo, porque inscritos na própria natureza do homem, como ente dotado de personalidade. Intimamente ligados ao homem para sua proteção jurídica, independentes de relação imediata com o mundo exterior ou outra pessoa, são intangíveis, *de lege lata,* pelo Estado, ou pelos particulares".

Estabelecida *per summa capíta* a natureza jurídica da lesão moral e suas conseqüências, é de admitir-se a cumulação da lesão moral e da material oriundas do mesmo fato, como entendido pela melhor doutrina e jurisprudência do STJ, consubstanciada na Súmula 37 do STJ:

"Se do mesmo fato ocorreu dano efetivo, real, poderão ser cumuladas na mesma ação a indenização por dano material e moral".

2 – No sistema processual brasileiro, em que o autor deve narrar os fatos e os fundamentos do pedido (CPC, art. 282), mais avulta a necessidade de compreensão da expressão "lesão moral" como dano conseqüente do mal inferido a alguém, "descrevendo convenientemente os fatos e aduzindo com

clareza sobre o resultado do ato lesivo", sob pena de a petição ser inepta por falta de *causa petendi,* porque a indenização compreende as conseqüências que derivam da ação ou omissão geradora da lesão a um atributo da personalidade, devendo existir uma relação de causalidade entre o fato e a lesão produzida, até para inclusão de lucros cessantes, quando couberem.

A título de exemplo, tomemos as seguintes situações:

a) Se o autor da ação em que se pleiteia indenização por lesão a atributo da personalidade narrar o fato, por exemplo, uma briga em um bar em que "A" feriu "B" com uma faca, mas deixou de descrever convenientemente os fatos, esquecendo de aduzir "sobre o resultado" do ato lesivo, a petição será inepta por falta de *causa petendi*, pois da relação de causa e conseqüência do fato "se intui o direito" de reparação do prejuízo, expressando-o o julgador ao decompor os componentes determinantes do fato para formação de sua convicção.

b) A invasão da privacidade, por exemplo, tornando público fato ocorrido na vida de alguém, ou no seio de uma família, que só a um ou a outra diga respeito, e que por direito tudo faz para mantê-lo em segredo, arranhando ou destruindo-lhe a reputação conquistada na sociedade local ao longo do tempo, gera indenização por lesão moral, porque há que se compreender aquele que esconde seus atos por deles se envergonhar, mas não aquele que os pratica com objetivos ilícitos contra outrem.

c) O caso do garoto, guardador de carros, que foi posto dentro da câmara frigorífica pelo segurança do supermercado Pão de Açúcar, em São Paulo, em cárcere privado, com risco de morte por congelamento, caracteriza brutal lesão moral contra um ser infante indefeso, ainda na fase de sua formação psicofísica. E no seu precoce e sofrido amadurecimento, como tantos outros brasileirinhos, chora e lamenta frente às câmeras de televisão o fato de o segurança perder o emprego, pois assim não poderia sustentar os próprios filhos, tal como ocorria com seu próprio pai, a quem procurava ajudar com os trocados que ganhava pedindo para olhar os carros.

d) No dia 12.5.2001, transmitiu a Rede Record, no programa Ratinho, outra cena deplorável, em que a senhora Belita Braz de Oliveira fora presa dentro de um magazine, e mantida por três dias no cadeião de polícia de Pinheiros, em São Paulo, sob acusação de furto, ao depois provado o engano dos seguranças do magazine. Na saída da delegacia, sua dor moral extrema se expressava pelo desespero e as lágrimas que derramava, acompanhada pelo desespero e lágrimas do marido e dos filhos.

e) O caso dos proprietários da Escola-base, que foram denunciados como molestadores de alunos, tendo suas vidas destruídas por calúnias lançadas pelo delegado Edélcio Lemos em São Paulo, com os holofotes da imprensa.

Provada a falsidade das denúncias no processo criminal, foram o delegado e o Estado de São Paulo condenados a indenizar os proprietários por lesão moral e prejuízo material, pela 8ª Câmara Cível do Tribunal de Justiça.

f) O inadimplente por empréstimo de dinheiro, ou por compras feitas na praça, e que por isso é publicamente exposto pelo credor a situações vexaminosas e constrangedoras, sofre lesão moral passível de reparação, porque a confiança depositada no devedor no momento da transação não autoriza do credor a usar de meios impróprios e agressivos de qualquer natureza para o recebimento de seu crédito, o que deve ser feito pelos meios legais, embora deficientes, e desastrosa a justiça brasileira.

g) O autor deste trabalho, ao reagir e denunciar a corrupção de juízes e advogados em processos de falência dentro do foro de São Bernardo, foi por isso exposto a situação vexaminosa e constrangedora pelo **advogado Antônio Tadeu Meira Pimentel e o juiz José Benedito Franco de Godoy**, partícipes do mesmo grupo, ao denunciá-lo a este juiz que, em seu gabinete, histrionicamente, para esconder suas mazelas, tentou coagi-lo com o dedo em riste, ao que se viu obrigado a reagir, recebendo voz de prisão e indiciamento por desacato a autoridade (depois absolvido), com todo o alvoroço que se seguiu sob os olhares curiosos de tantos quantos se encontravam no recinto do fórum, de cujo transtorno emocional jamais se recuperou. Para o advogado Tadeu, prevaleceu sobre a ética seu interesse escuso no grupo de que era partícipe. Substituído o juiz em questão, seu substituto continuou acobertando os mesmos comparsas da corrupção. E ainda, o oculto e imoral personagem do espírito de corpo dos gabinetes e o poder da corrupção derrotaram-no na ação de reparação por lesão moral contra o juiz e o advogado. É assim que, juntos, fogem da própria dignidade.

Em todos esses casos, exsurge cristalina a obrigação de compensação financeira em favor das vítimas, em consonância com o **art. 946 da lei civil**, que rege o arbitramento de indenização para os casos não previstos nos **arts. 948 e 949**. Por isso, a motivação da sentença deve especificar claramente quais foram os critérios tomados em conta para chegar a determinado montante, as provas que se ponderaram e os precedentes jurisprudenciais, sobre os quais o juízo adotou a solução ao caso concreto, **evitando perspectivas de ganho fácil e locupletamento ilícito, com as falsas acusações de lesões morais,** construindo o juízo os fundamentos nos quais se embasará para estabelecer determinado valor ressarcitório, pois sempre haverá dubiedades e incertezas ao sabor das características pessoais da pretensa vítima e da personalidade, subjetivismo e espírito de corpo do órgão julgador.

CAPÍTULO XI

INDENIZAÇÃO A TERCEIROS POR HOMICÍDIO

Arts. 948 do Código Civil c/c 121 do Código Penal

1 – Nem todo ato lesivo se enquadra na concepção de lesão moral propriamente dita, de ofensa à honra, atributo extrínseco da pessoa, ou na concepção de lesão direta a atributo intrínseco.

É o caso, já referido, da lesão indireta sofrida por familiares da vítima morta por ato de outrem. A vítima sofre lesão direta e morre em conseqüência dela. Os familiares sofrem lesão indireta e tornam-se legitimados processualmente para o exercício da ação ressarcitória.

O Direito Moderno ainda mantém em vigência a responsabilidade aquiliana, pela qual, na prática dos atos ilícitos, o agente não só é passível das imputações criminais reservadas à prática de tais atos, como autoriza o ofendido ou a família deste a exigir as indenizações resultantes dos prejuízos que o ato ocasionou, seja em virtude das despesas que foi obrigado a fazer, como pelos lucros cessantes, consoante arts. 949 a 951 do Código Civil brasileiro.

É o caso, por exemplo, do pai de família que morre em acidente de trânsito. O pai sofreu lesão direta. É a vítima. Porém, em razão mesmo da morte, são a mulher e os filhos os prejudicados de forma oblíqua e têm legitimidade ativa para a ação de ressarcimento dos danos produzidos com a morte da vítima.

Reza o art. 948:

No caso de homicídio, a indenização consiste, sem excluir outras reparações:

I – no pagamento das despesas com o tratamento da vítima, seu funeral e o luto da família;
II – na prestação de alimentos às pessoas a quem o morto os devia, levando-se em conta a duração provável da vida da vítima.

A disposição do texto não afasta uma outra situação, qual seja, o sofrimento dos pais com a perda de um filho(a), ou filho(a), com a perda do pai ou mãe, que rompe o bem-estar então existente, com a abrupta extinção da vida do ente querido e sua ausência no seio da família, respondendo o autor do delito com uma compensação pecuniária pela lesão moral, que deve ser paga de uma só vez, de imediato (RSTJ-76/257), e material, quando a vítima for responsável ou participante do orçamento doméstico para o padrão de vida vigente no núcleo familiar, ou ainda quando prestador de alimentos, cuja fixação se fará por arbitramento, nos termos do **art. 946 do Código Civil**, com suas variantes em casos específicos, aos não previstos nos **arts. 949 a 951**, eis que as leis penal e civil não fixaram valor e forma para compensação da lesão moral e material decorrentes de homicídio.

Em família de poucos recursos, a lesão material resultante da morte de um de seus membros é de ser presumida (RSTJ-76/257).

Foi dito que "lesão moral pressupõe a dor moral ou física angustiante por ação maléfica de outrem", e "lesão material a que pressupõe prejuízo nos recursos de sobrevivência da vítima", que bastas vezes são os dependentes dos genitores ou de algum alimentante, lecionando Agostinho Arruda Alvim que "uma das maiores dores morais que alguém possa sofrer é a perda de pessoas da família", ressaltando que, em caso de rejeição de todas essas asserções, o magistrado pode ainda lastrear-se no chamado *pretium dolores*.

Indenização por Lesão Moral e Prejuízo Material

O Égrégio TJRJ, para mais acentuar a necessidade de se estabelecer tal distinção, assentou, em grau de embargos infringentes, que, "no momento em que se perde uma vida humana, a vida de uma filha(o), não há a lamentar somente uma fonte de alimentos que se estanca", residindo aí a natureza de ambas as indenizações, notadamente em relação às suas conseqüências.

Nesse julgamento, o E. Tribunal apreciara hipótese em que a família perdera um filho, caracterizando tal perda como "perda de uma presença humana, perda essencial" (RT 589/217-219 e RT 584/229). In RT 676/641, o mesmo tribunal já minudenciara a respeito da perda e conseqüente falta que um membro acarreta à família em decorrência de sua inesperada ocisão. Daí o esclarecimento da Súmula 37 do STJ: "São cumuláveis as indenizações por lesão material e moral oriundas do mesmo fato" (Corte Especial, DJU, 23.3.92, p. 3.498).

Caio Mário da Silva Pereira assinala que "o que é da essência da reparação da lesão moral é a ofensa a um direito, sem prejuízo material" (*Responsabilidade Civil*, p. 55, Forense, ed., 1991). Da admissibilidade da cumulação das verbas indenizatórias da lesão moral e do prejuízo material resta superada na doutrina e na jurisprudência, inclusive alienígena, tal controvérsia, pois, na própria expressão dessa lesão, o insigne tratadista mencionado expressa que "nesta referência se contém toda lesão à integridade física ou moral da pessoa – as coisas corpóreas ou incorpóreas que são objeto de relações jurídicas", acrescentando "que opta pela definição da lesão como toda ofensa a um bem jurídico, tendo em vista precisamente fugir da restrição da patrimonialidade do prejuízo" (p. 53).

O ministro Munhoz Soares, participando de julgamento em que houve morte de genitora de filhos menores, declarou o seguinte voto:

"Na situação presente não se cuida de filho ou filha, menores de tenra idade, mas da própria genitora deles que teve sua vida prematuramente ceifada, via de um comportamento que a própria Justiça já definiu especificamente como culposo (acidente de elevador). Às vezes, a prestação jurisdicional pleiteada busca caminhos oblíquos a possibilitar a reparação daquela perda sofrida, *in casu*, os atingidos são o marido e os filhos. A desditosa vítima, com 31 anos, e que, por sua inesperada morte, na ocasião em que visitava a própria mãe, provocou a maior repercussão a toda família. É o que os autos comprovadamente noticiam. Será que, ao desprezar tal sofrimento, em termos de *pretium dolores*, e diante das circunstâncias em que o fato se consumou, este E. Tribunal não estaria se afastando do verdadeiro preceito *suum cuique tribueri*, ou seja, descartando um acervo indenizável por lesão moral que proveio do mesmo fato, ainda que de forma distinta? É o que se indaga, criteriosamente, à luz das ensinanças percorridas, pois o que se visa é o apaziguamento do injusto prejuízo que a letalidade do sinistro acarretou aos infantes e seu pai, e também marido da infortunada vítima: aqueles, porque se viram privados de sua presença, cuidado e tudo o mais que a genitora poderia proporcionar-lhes em nome da boa formação, que ninguém poderá negar, constituindo-se tudo isso na primordial e hodierna preocupação dos pais responsáveis, e este, o esposo, que, naturalmente, com a não querida ausência de sua mulher, se viu a braços, de forma abrupta, com uma série de providências que, força é convir, dividia com sua consorte, para o que deve ter tido o socorro de parentes chegados no esforço de suprir aquela tão necessária presença, e que, por melhor que o façam, não fariam como a vítima o teria feito, sendo lícito ao Magistrado vir a completar ou integrar a lei, de forma a distribuir a justiça buscada pela parte lesada, sob pena de não cumprir-se um dos preceitos do Direito, qual seja, o *neminem laedere*, que, fundado num dever social elementar à própria ordem jurídica, impõe, em princípio, que não se deve lesar a ninguém, respeitando os direitos alheios, como os outros devem respeitar o direito de todos" (Ap. 154/753-1/9).

Bem é de ver que, a par de todo esse escólio jurisprudencial e doutrinário, sobrelevou-se o relativo ao legislador constitucional no sentido de que o novo texto magno "veio pôr pá de cal na resistência à reparação da lesão moral", conforme o cânon constante do art. 5º, V e X, anotando Caio Mário que "o argumento baseado na ausência de um princípio geral desaparece. E assim, a reparação da lesão moral integra-se definitivamente em nosso direito positivo", sendo de se acrescer que a enumeração constante do dispositivo inserido na Carta Magna "é meramente exemplificativa, sendo lícito à jurisprudência e à lei ordinária aditar outros casos", completando, de forma irrespondível, que, "com as duas disposições contidas na Constituição de 1988, o princípio da reparação da lesão moral encontra o batismo que a inseriu em a canonicidade do nosso d - reito positivo". Agora, pela palavra mais alta e mais firme da norma constitucional, tornou-se princípio de natureza cogente o que estabelece a reparação por lesão moral em nosso direito, obrigatório para o legislador e para o juiz.

De notar-se que, "no mesmo sentido, a Lei de Defesa do Consumidor (Lei 8.078/90) assegura a efetiva prevenção e reparação dos danos materiais e morais" (art. 6º, n. VI).

CAPÍTULO XII

LESÃO BIOLÓGICA E ESTÉTICA INDENIZÁVEIS

LESÃO BIOLÓGICA

(arts. 129 da lei penal c/c 63 da lei processual penal c/c art. 584, II, do Código de Processo Civil).

1 – Neste capítulo, não se trata da lesão a atributos ligados aos delitos de calúnia, difamação e injúria (crimes contra honra), mas dos crimes de lesão corporal dolosos e culposos do art. 129 da lei penal, c/c art. 63 da lei processual penal, c/c artigo 584, II, do Código de Processo Civil, cujas indenizações são previstas nos arts. 948 e 949 do Código Civil.

Não se há de confundir com a ação de lesão moral a reparação do dano decorrente de sentença penal condenatória transitada em julgado, de que fala o art. 63 do Código de Processo Penal, c/c art. 584, II, do Código de Processo Civil, verbis:

"Art. 63 – Transitada em julgado a sentença condenatória, poderão mover-lhe a execução, no juízo cível, para efeito da reparação do dano, o ofendido, seu representante legal ou seus herdeiros".

"Art. 584 – São títulos executivos judiciais:

II – a sentença penal condenatória transitada em julgado".

Já esclareceu o STJ "que intercomunicam-se as jurisdições civil e criminal e que a segunda repercute de modo absoluto na primeira quando, reconhece o fato ou sua autoria. Neste caso, a sentença condenatória criminal constitui título executivo no cível.

Se negar o fato ou a autoria, também de modo categórico, impede, no juízo cível, questionar-se o fato.

Diferente, porém, se a sentença absolutória criminal apoiar-se em ausência ou insuficiência de provas, ou na inconsistência da ilicitude. Remanesce, então, o ilícito civil" (RSTJ 7/400). O art. 935 dispõe:

"A responsabilidade civil é independente da criminal; não se poderá, porém, questionar mais sobre a existência do fato, ou quem seja o seu autor, quando estas questões se acharem decididas no crime".

E completa o art. 64 do Código de Processo Penal:

"Sem prejuízo do disposto no artigo anterior, a ação para ressarcimento do dano poderá ser proposta no juízo cível, contra o autor do crime e, se for o caso, contra o responsável civil". Trata-se do art. 932 do Código Civil, que impõe, entre outros casos, a responsabilidade civil:

I – aos pais, pelos atos dos filhos menores que estiverem sob sua autoridade e em sua companhia;
II – ao tutor e o curador, pelos pupilos e curatelados, que se acharem nas mesmas condições;
III – ao empregador ou comitente, por seus empregados, serviçais e prepostos, no exercício do trabalho que lhes competir, ou em razão dele;
IV– aos donos de hotéis, hospedarias, casas ou estabelecimentos onde se albergue por dinheiro, mesmo para fins de educação, pelos seus hóspedes, moradores e educandos;
V – aos que gratuitamente houverem participado nos produtos do crime, até a concorrente quantia.

Intentada a ação penal, o juízo da ação civil poderá suspender o curso desta, até julgamento definitivo da ação penal. É o que dita o parágrafo único do art. 64, o que significa que a ação civil pode ser intentada antes mesmo da ação penal, pois pode dar-se o caso de não haver ação penal, e nem por isso ficará prejudicada a ação civil.

Indenização por Lesão Moral e Prejuízo Material

2 - Pelo que dispõem os arts. 63 e 64, verifica-se que **do mesmo fato resultam duas conseqüências:** "de um lado a sujeição do réu à pena correspondente e a obrigação que lhe advém de reparar o dano causado, apurando-se a responsabilidade penal para aplicação da pena correspondente, e, de outro lado, a responsabilidade civil, com a ressalva de que a indenização é simplesmente possível e eventual", porque pode existir crime sem dano privado a ressarcir, e, mesmo existindo, pode a vítima deixar de pleitear o ressarcimento.

Havendo sentença condenatória passada em julgado **em crime de homicídio,** a indenização é procedida nos termos do art. 948, bastando promover-lhe a execução no cível, "exceto se foi perpetrado pelo ofensor em repulsa de agressão do ofendido, ou seja, praticado em legítima defesa ou no exercício regular de um direito reconhecido" (art. 188, I, da lei civil). A sentença penal condenatória declara a obrigação, excluindo qualquer dúvida sobre ela, tornando-a certa.

Trata-se de reparação decorrente de homicídio, "que não pode ser confundida com a reparação da lesão", pois visa à reparação nos termos do art. 948 e processa-se no juízo por iniciativa do ofendido, seus representantes ou seus herdeiros, contra o autor do crime, seus herdeiros, ou contra o responsável civil pelo evento, que, muitas vezes, é pessoa estranha à ação penal, a teor do art. 932 da mesma lei civil.

Esclarece Orlando Gomes: "A decisão proferida no juízo criminal tranca o juízo civil toda vez que declarar inexistente o fato imputado ou disser que o acusado não o praticou".

Quando, porém, como bem esclareceu Mendes Pimentel, "a absolvição criminal teve motivo particular ao direito ou ao processo penal, com a inimputabilidade do delinqüente ou a prescrição da ação penal, a sentença criminal não obsta ao pronunciamento civil sobre a reparação da lesão" (*Obrigações*, p. 320).

Foi esta a doutrina aceita pelo legislador pátrio ao declarar, na segunda parte do art. 935, que "não se poderá, porém, questionar mais sobre a existência do fato, ou quem seja o seu autor, quando estas questões se acharem decididas no crime".

O art. 188 dispõe que "Não constituem atos ilícitos:

I – os praticados em legítima defesa ou no exercício regular de um direito reconhecido;
II. – a deterioração ou destruição da coisa alheia, ou a lesão a pessoa, a fim de remover perigo iminente;

Parágrafo único.no caso do inciso II., o ato será legítimo somente quando as circunstâncias o tornarem absolutamente necessários, não excedendo os limites do indispensável para a remoção do perigo.

E o art. 65 da lei penal dispõe:

"Faz coisa julgada no cível a sentença penal que reconhecer ter sido o ato praticado em estado de necessidade, em legítima defesa, em estrito cumprimento de dever legal ou no exercício regular de direito".

Nessas condições fica obstada a ação de reparação civil, por força do efeito preclusivo que a sentença criminal produz sobre a reparação da lesão.

Por último, cabe lembrar que, se lesão moral ocorrer, resultante do delito do art. 129 do Código Penal, será esta tratada em ação própria, por ser inacumulável com a decorrente de lesão física, por terem natureza e objeto diferentes.

Em outra situação, entretanto, em acidente de veículo, por exemplo, pode ocorrer na sentença criminal o reconhecimento da lesão física (corporal) e o dano patrimonial. Por exemplo: "Numa colisão de veículo, em que há danos físicos no motorista e/ou passageiro (s) e material no veículo (dano patrimonial), podendo o motorista e o passageiro executar a sentença criminal condenaria, transitada em julgado, contra o motorista causador dos danos."

Na execução se apurarão os danos conseqüentes da lesão física, na forma que a lei processual determinar (art. 946), com vistas aos arts. 949 a 951 do Código Civil.

Em havendo prejuízo patrimonial resultante do mesmo fato, dispõe a Súmula 37 do STJ: "São cumuláveis as indenizações por lesão material e moral oriundas do mesmo fato" (Corte Especial, DJU, 23.3.92, p. 3.498).

LESÃO ESTÉTICA
(arts. 949 a 951)

Art. 948 – No caso de homicídio, a indenização consiste, sem excluir outras reparações:

I – no pagamento das despesas com o tratamento da vítima, seu funeral e luto de família;
II – na prestação de alimentos a quem o morto os devia, levando-se em conta a duração provável da vida da vítima.

Art. 949 – No caso de lesão ou outra ofensa à saúde, o ofensor indenizará o ofendido das despesas do tratamento e dos lucros cessantes até o fim da convalescença, além de algum outro prejuízo que o ofendido prove haver sofrido.

Art. 950 – Se da ofensa resultar defeito pelo qual o ofendido não possa exercer o seu ofício ou profissão, ou se lhe diminua a capacidade de trabalho, a indenização, além das despesas do tratamento e lucros cessantes até ao fim da convalescença, incluirá uma pensão correspondente à importância do trabalho, para que se inabilitou, ou da depreciação que ele sofreu.

Parágrafo único. O prejudicado, se preferir, poderá exigir que a indenização seja arbitrada e paga de uma só vez.

Art. 951 – O disposto nos arts. 948, 949 e 950 aplica-se ainda no caso de indenização devida por aquele que, no exercício de atividade profissional, por negligência, imprudência ou imperícia, causar a morte do paciente, agravar-lhe o mal, causar-lhe lesão, ou inabilitá-lo para o trabalho.

Mas não constituem atos ilícitos os referidos pelo art. 188:

I – os praticados em legítima defesa ou no exercício regular de um direito reconhecido;

II – a deterioração os destruição da coisa alheia, ou a lesão a pessoa, a fim de remover o perigo iminente.

Em consonância com os arts. 23, 25 e 129 do Código Penal, reza o parágrafo único do art. 188: "No caso do inciso II, o ato será legítimo somente quando as circunstâncias o tornarem absolutamente necessário, não excedendo os limites do indispensável para remoção do perigo".

O art. 951 trata da categoria de lesão biológica que incapacite ou impossibilite total ou parcialmente a vítima do exercício de suas atividades normais. Por exemplo, lesão decorrente de cirurgia, ou qualquer outro tratamento que afete a saúde por um dos motivos do art. 186 da lei civil (ação ou omissão voluntária, negligência ou imprudência), gerando a dor do sofrimento, da angústia (lesão psicofísica), e a indenização deve ser compatível com a gravidade e as conseqüências da lesão causada à vítima em suas atividades normais, inclusive afetivas (aqui se inclui a atividade sexual), ainda quando a parte física lesionada seja de vital importância na vida social e profissional, como prejuízo material reflexo, cabendo a indenização correspondente por participarem de aspectos de um e de outro.

A culpa médica está embasada na regra geral do art. 186 c/c arts. 948 a 951, ficando obrigado a reparar o dano, quando, por ação ou omissão voluntária, negligência ou imprudência, causar prejuízo ao paciente, e, mais especificamente, tratando o art. 951 da responsabilidade indenizatória quando causar a morte do paciente, agravar-lhe o mal, causar-lhe lesão, ou inabilitá-lo para o trabalho.

Como assevera Antônio Jeová Santos: "O médico, para ser obrigado a indenizar, é necessário que o seu comportamento esteja revestido de alguma modalidade de culpa. Não existe responsabilidade objetiva. A falta médica ou o descumprimento de algum dever profissional devem estar de mãos dadas com a obrigação preexistente, que tanto pode ser originária de um contrato, ou não. Se o médico agiu com imperícia, imprudência ou negligência e dessa conduta existiu um dano (relação de causalidade), o dever de indenizar é inexorável.

A falta dos deveres especiais do médico, que a profissão impõe e requer, é o mesmo da responsabilidade comum. Quando o médico incorre em omissão, deixando de ser diligente no seu dever de assistir o paciente, coloca-se no mesmo patamar, ficando em situação similar à do devedor culpável.

A apreciação da culpa médica, no entanto, deve ser feita pelo juiz, não pelo arquétipo do *bonus pater familiae*, que é o homem prudente e morigerado, mas deve levar em conta o protótipo do bom profissional. É impossível comparar o homem médio e prudente com o profissional que atua em razão de conhecimentos e aptidões adquiridas ao longo de seus estudos. A menor capacidade do médico, no entanto, não é motivo para culpá-lo.

Aumentada a responsabilidade do profissional da Medicina, não se deve, de maneira extremada, deixar o médico em situação de inferioridade diante do obstinado demandante, desde que não tenha agido culposamente, nem, muito menos, permitir que o paciente não seja indenizado, porque difícil a comprovação da negligência, imprudência ou imperícia médica"[14].

Em todos os casos, embora de difícil avaliação para efeito indenizatório, por ser impossível recompor o estado psicológico abalado pelo sentimento tomado pela angústia, pela dor da tristeza com a ofensa ocorrida, deve ser estabelecido um valor pecuniário como reparação da lesão à integridade física da pessoa e dos atributos dela decorrentes.

Como lesão biológica a atributo da personalidade, tem-se a lesão estética.

---

14. *Dano Moral Indenizável*, 2ª edição, Lejus, 1999, p. 260.

Numa lesão estética, que também não se enquadra nos delitos dos arts. 138 a 140 do Código Penal, há uma desfiguração experimentada pela vítima, quando ocorre mutilação, por exemplo, com afeamento do rosto, ou cicatrizes nas mais diversas partes do corpo, com repercussão anímica e/ou econômica que constitui interesse juridicamente protegido.

A beleza, a integridade corporal, são bens patrimoniais naturais intrínsecos da pessoa humana. Um modelo, por ex., que sofre uma desfiguração no rosto e se vê impedido de posar para fotografias, deixando de receber pelo contrato que efetuou, padece de prejuízo material, ensejando-lhe ação de perdas e danos contra o causador da lesão.

Em todos esses casos em que haja mutilação, a vítima sofre uma ação desfavorável em relação à sua intangibilidade como pessoa humana, retirando-lhe o bem-estar espiritual de que até então desfrutava, surgindo uma lesão ressarcível pelos efeitos negativos maiores ou menores que provoca no exercício de suas atividades normais.

A indenização se processa pelo critério do art. 49 do Código Penal, aplicável cumulativamente no caso de ocorrer prejuízo material real como reflexo da lesão ao patrimônio ideal, dada a natureza autônoma das referidas lesões, como se observa pela redação da Súmula 37 do STJ:

"Se do mesmo fato ocorreu dano efetivo, real, poderão ser cumuladas na mesma ação a indenização por dano material e moral, calculado em porcentual, segundo o art. 49 do Código Penal".

Mas o dano estético e o dano moral não se cumulam, porque ou o dano estético importa em dano físico ou está compreendido na lesão moral[15].

3 – A perda do equilíbrio emocional não se exaure na lesão física, nem na psíquica. Atos ilícitos existem, que colhem a vítima em sua dimensão maior, quando a torna dependente de outras pessoas para seus cuidados pessoais, ou ainda a torna

---

15. Conclusão 9 do IX Encontro dos Tribunais de Alçada realizado em São Paulo, nos dias 29 e 30.8.97.

impossibilitada para as suas atividades afetivas, tornando difíci ou impossível sua vida de relação, ou seu próprio viver em sociedade.

O ser humano desenvolve suas atividades em companhia de seus semelhantes, seja na pequena comunidade doméstica, que é a família, seja na grande comunidade ou grupo humano, que compõe a sociedade civil. É que a vida de relação supõe uma multiforme atividade, à margem da vida de produção ou trabalho, e se vincula às faculdades que enriquecem a personalidade, como as culturais, artísticas, desportivas, religiosas e outras.

Os atributos da personalidade, como facilmente se depreende, resultam de um conjunto de elementos que se mostram inerentes à pessoa humana, filosófica e abstratamente considerada sua existência como entidade integrante de um universo social, como numa integração corpo e alma, homem/coletividade, corpo social sujeito a seus tumores (desigualdade social, violência, degradação moral, etc.), e não se identifica com o homem cu com a mulher sob o aspecto físico, ou seja, sob o aspecto de sua configuração exterior e material (unidade biológica), mas atributos que representam valores inerentes ao indivíduo como pessoa, e são, assim, direitos absolutos identificáveis "em cada caso concreto individualmente considerado em face da lei e dos costumes", aí vistos como direitos personalíssimos, tendo cada pessoa, no pólo oposto aos seus direitos da personalidade, "o dever jurídico" das demais pessoas de não violá-los, caracterizado pela indeterminação do sujeito passivo.

Assevera Arnoldo Wald que "o dever jurídico correspondente recai sobre todos os membros da coletividade e se caracteriza pela abstenção ou não-ingerência, no respeito que os componentes da comunidade devem à personalidade alheia. Tais direitos têm, na maioria dos casos, uma tutela penal, que todavia não afasta a proteção da lei civil, pois as violações dos direitos da personalidade sujeitam o infrator às sanções penais como também ao dever de ressarcir ou indenizar os prejuízos causados, sendo pecuniariamente apreciáveis e, em certos casos, merecendo a proteção constitucional" (*Direito das Coisas*, p. 26).

CAPÍTULO XIII

INDENIZAÇÃO POR LESÃO MORAL NOS CRIMES CONTRA HONRA (art. 953 DO CC e 138 a 140 do CP)

1 – No capítulo dos crimes contra honra (**melhor é dizer contra a moral**), o Código Penal define a *calúnia* (art. 138), a *difamação* (art. 139) e a *injúria* (art. 140). Como é certo que a lei substantiva penal, segundo preceito do art. 360, se alheou do, entre outros, processo e julgamento dos crimes de imprensa, entre os quais se situam os crimes contra honra praticados por aquele meio, segue-se que a calúnia, a difamação e a injúria definidas no Código Penal são as exercitadas por outra forma, que não os meios de divulgação previstos na lei especial.

Diferente é a lesão causada por ação caluniosa e injuriosa, de que falam os arts. 138 e 140 do Código Penal pátrio, que se referem à moral subjetiva, interna, inerente à pessoa física, que está no psiquismo de cada um, e pode ser ofendida com atos que atingem a dignidade, o respeito próprio, a auto-estima, etc., causando humilhação, vexame e outros constrangimentos, atingindo em cheio a pessoa no seu âmago e círculo de relações, cuja indenização consistirá na reparação do prejuízo material que dela resulte à pessoa ofendida, em consonância com o caput do art. 953 do Código Civil, e mais as normas subsidiárias dos arts. 49, 60 e par. 1º, do Código Penal (que são penas pecuniárias, e, portanto, 'indenizatórias), para cálculo da respectiva indenização **"material"**, cabendo ao juiz fixar o valor da indenização se o ofendido não puder provar o prejuízo material (953, par. único).Isso por conta da impossibilidade de retorno ao *statu quo ante*.

Dispõe o art. 49 que "A pena de multa consiste no pagamento ao fundo penitenciário da quantia fixada na sentença e calculada em dias-multa.Será, no mínimo, de doze e, no máximo, de trezentos e sessenta dias-multa.

Par. 1º. O valor do dia-multa será fixado pelo juiz, não podendo ser inferior a um trigésimo do maior salário mínimo mensal vigente ao tempo do fato, nem superior a cinco vezes esse salário.

Par. 2º. O valor da multa será atualizado, quando da execução, pelos índices de correção monetária.

E o art. 60, da mesma lei penal, completa o art. 49, ao dispor que "Na fixação da pena o juiz deve atender, principalmente, à situação econômica do réu.

Par. 1º. A pena pode ser aumentada até o triplo, se o juiz considerar que, em virtude da situação econômica do réu, é ineficaz, embora aplicada no máximo.

O pano de fundo, i.e., o objeto jurídico da lesão moral por calúnia é a falsa imputação de fato definido como crime (art. 138), ou sua divulgação, sabendo ser falsa (parágrafo 1º), ofendendo a moral subjetiva, interna, mas também a moral objetiva, a boa reputação, que consiste no respeito, admiração, apreço, consideração que os outros dispensam à pessoa.

No caso da injúria, o objeto jurídico é a moral objetiva, o conceito, a reputação em que a pessoa é tida.A conduta delituosa do ofensor é imputar fato desabonador a alguém, ainda que seja verdadeiro.

2 – A distinção entre lesão moral e material não decorre da natureza do direito, "mas do fato da lesão", devendo a lesão moral ser compreendida em seu conteúdo específico, que é a dor da ofensa moral caluniosa ou injuriosa, em geral uma dolorosa sensação (resultado) experimentada pela pessoa, atribuindo à palavra "dor" mais largo significado. O prejuízo material é conseqüência da lesão moral. "Se assim não for entendido", ter-se-á, como inafastável corolário, que toda indenização material, a que se refere o parágrafo único do art. 953, implicará, tam-

bém, numa condenação por lesão moral. E esse não é o entendimento que se possa extrair do art. 5º, V e X, da Constituição. O ato ilícito está para o pecado como o prejuízo (resultado danoso) está para as pegadas do pecado. Como disse o Padre Vieira: "O que fica dos pecados é o que Deus mais examina". Sem dúvida que as vítimas de lesões morais têm direito à reparação pecuniária. Sem dúvida, ainda, que não é inexoravelmente incompatível a cumulação de duas indenizações, por lesão moral e lesão material comprovada. Mas essa cumulação só será possível em casos especiais: "quando a lesão efetiva, real, for impossível de vir a ser aferida ou de aferição manifestamente improvável", ou, ainda, a decorrer de circunstâncias especiais, "a indenização pela efetiva lesão se mostre ínfima ou, pelo menos, de pequena expressão econômica".

A solução encontra-se nos arts. 944 a 946 e par. único do art. 953, c/c art. 60 e parágrafo único do Código Penal, verbis:

Art. 944. A indenização mede-se pela extensão do dano.[1] Parágrafo único. Se houver excessiva desproporção entre entre a gravidade da culpa e o dano, poderá o juiz reduzir, eqüitativamente, a indenização.

Art. 945. Se a vítima tiver concorrido culposamente para o evento danoso, a indenização será fixada tendo-se em conta a gravidade de sua culpa em confronto com a do autor do dano.

Art. 946. Se a obrigação for indeterminada, e não houver na lei ou no contrato disposição fixando a indenização devida pelo inadimplente, apurar-se-á o valor das perdas e danos na forma que a lei processual determinar.

Pelo parágrafo único do art. 953 do Código Civil c/c art. 60 do Código Penal, tem-se que:

"Se o ofendido não puder provar o prejuízo material, caberá ao juiz fixar, eqüitativamente, o valor da indenização, na conformidade das circunstâncias do caso" (art. 953, par. ún.), e que "A multa pode ser aumentada até o triplo, se o juiz considerar que, em virtude da situação econômica do réu, é ineficaz, embora aplicada no máximo" (art. 60, par. ún.).

---

1. Entendo o autor deste trabalho, que o "dano" significa o prejuízo causado pela lesão moral.

2.1 – Em consonância com o que já dispunha o art. 139 do Código Penal, que define a difamação como ato ofensivo à **reputação** de alguém, o legislador constituinte preferiu, no inciso X do art. 5º da Constituição de 1988, a expressão **imagem**, em lugar de reputação, sendo uma ou outra a dimensão ética da pessoa perante a coletividade, assegurando, no inciso V, o direito de resposta, proporcional ao agravo, além da indenização material por ofensa moral ou à **imagem**.

Assim, a expressão **imagem** deve ser entendida como **boa reputação,** como no art. 139 da lei penal, gozada pela pessoa no contexto da sociedade local.

Caracterizada a injúria, a difamação ou calúnia, o cálculo da indenização no processo civil é feito de acordo com os arts. 49 e 60 do Código Penal, acima referidos, como normas subsidiárias para o ressarcimento da lesão à reputação da pessoa ofendida, aplicando-se o parágrafo único do art. 953.

Como o art. 186 do Código Civil não faz restrição, pode a lesão ser apenas moral ou material para os efeitos do art. 953, que trata da injúria, difamação ou calúnia, propiciando indenização pelas "conseqüências danosas" resultantes desses ilícitos na vida da vítima, seja no sentido social, familiar ou profissional.

Reza o art. 186 do Código Civil:

Aquele que, por ação ou omissão voluntária, negligência ou imprudência, violar direito e causar dano a outrem, ainda que exclusivamente moral, comete ato ilícito

Como este art. 186 não faz restrição quanto à natureza da lesão – moral, física ou material – "infere-se que onde não houver lesão não haverá a correspondente responsabilidade jurídica".

Pelo caput do art. 49, o mínimo de dias-multa será de dez (10) e o máximo será de trezentos e sessenta (360) dias-multa.

Indenização por Lesão Moral e Prejuízo Material

Exemplo pelo dobro da indenização

Salário mínimo R$ 180,00 X 5 = R$ 900,00
R$ 900,00 X 360 dias = 324.000,00
R$ 324.000,00 X 2 (dobro) = 648.000,00 = 720 dias
Pelo triplo (art. 60) = R$ 1.944,00

2.2 – Pelo inciso V, do mesmo artigo 5º, gera reparação material conseqüente de caráter moral, quando ferida a reputação (imagem no inciso X da Constituição), a que se refere o art. 139 da lei penal, que trata do delito da difamação.

Miguel Reale nos fornece a interpretação da expressão "imagem" no texto constitucional, para adequação às questões ainda controvertidas a respeito do prejuízo moral, dizendo:

"O termo 'imagem', no mencionado inciso da Carta Magna, não se refere, evidentemente, ao aspecto físico da pessoa, mas à sua dimensão ética perante a coletividade, implicando necessariamente num dano moral" (Temas de Direito Positivo, p. 22 – publicação Revista dos Tribunais).

Exemplo alardeado na imprensa, há alguns anos, no caso dos proprietários da Escola-base, que foram denunciados como molestadores de alunos da escola, tendo sua reputação e vida destruídas por um amontoado de calúnias feitas pelo delegado Edélcio Lemos, em São Paulo, com os holofotes da imprensa.

Provada a falsidade das denúncias no processo criminal, foram o delegado e o Estado de São Paulo condenados, pela 8ª Câmara Cível do Tribunal de Justiça, a indenizar os proprietários por lesão moral, eis que tiveram destruída sua reputação pessoal e como profissionais do ensino, e pelos prejuízos materiais resultantes do fechamento da escola.

A imagem, portanto, é a reputação a que se refere o art. 139 da lei penal, que diz respeito ao bom conceito que alguém usufrui no seio da família e da sociedade local, e deve ser protegida contra falsas e pérfidas imputações, resguardando-lhe o nome e outros atributos que não podem ser vilipendiados em nenhuma circunstância.

2.3 – Entretanto, nem todo ato lesivo se enquadra na concepção de lesão moral propriamente dita, atributo extrínseco da personalidade, ou na concepção de lesão direta a atributo intrínseco da personalidade, que, apesar de causar em sofrimento, não são passíveis de compensação financeira, limitando-se ao espanto, à emoção, à dor da humilhação.

Aqui podemos lembrar o lavrador Josias Francisco dos Anjos, que comoveu o País, preso durante quatro (4) dias na capital da República, por retirar cascas de árvores da reserva florestal para fazer chá para sua mulher. E sentindo-se humilhado com a prisão e igualado a qualquer bandido, chorava e dizia, frente à câmera de televisão, que melhor teria sido que lhe tivessem dado um tiro, comovendo e promovendo o comparecimento da autoridade do escalão de governo para ordenar sua soltura. Houve sofrimento, angústia, a dor da tristeza, mas, em face da lei que proíbe a exploração de plantas medicinais da reserva florestal, não há possibilidade do pleito ressarcitório, embora de meridiana injustiça.

Ainda no **inciso X** temos serem invioláveis a intimidade, a vida privada, a honra e a imagem das pessoas, assegurando o direito à indenização pela lesão material ou moral decorrente de sua violação.

Assim, uma ofensa a atributos **intrínsecos** (corpo, membros, liberdade, etc.), causadora de "lesão psicofísica", de natureza biológica, alterando a relação funcional entre a mente e os fenômenos físicos, afetando as faculdades mentais e intelectuais da pessoa ofendida, como nos crimes contra os costumes, dos arts. 213 a 216 do Código Penal, por exemplo, que violam a integridade da pessoa humana em toda sua extensão, gera indenização pelo inciso X da norma constitucional, enquanto uma lesão a atributo **extrínseco**, "lesão moral propriamente dita, gera conseqüência indenizatória pelo art. 953 do Código Civil c/c arts. 138 a 140 do Código Penal.

2.4 – Tanto quanto os componentes intrínsecos e extrínsecos da pessoa humana, seus ideais, seus projetos de vida, realizações profissionais também geram satisfação íntima, prazer, alegria. Possuí-los sem ruptura, sem quebrantos e sem interferência interna que atrapalhe o usufruir de tais projetos é possuir os bens que produzem prazer, é possuir felicidade. E toda supressão de um bem, material, físico, ou imaterial, gera o dever de ressarcimento pelo ofensor, porque retira as possibilidades de a pessoa usufruí-lo, pelo menoscabo motivado pela insatisfação da privação do bem, como parte integrante da sua personalidade, porque "lesão é expressão ligada à idéia de destruição de um valor ideal intrínseco (seu corpo, etc.) ou extrínseco (seu respeito próprio, etc.), ou ainda material, que alguém experimenta em objeto de seu interesse", não do objeto simplesmente tomado como coisa, mas tudo o que se apresenta como razão de ser da vida e conhecimento valorativo da criatura humana.

A pessoa, quem o afirma é Ihering, tanto pode ser lesada no que tem, como no que é, desde que se tenha um direito à **liberdade,** que ninguém pode contestar, como contestar não se pode, ainda, que se tenha um direito a sentimentos afetivos. A ninguém se recusa um direito à vida, à honra, à dignidade, a tudo isso, enfim, que, sem possuir o valor de troca da economia política, nem por isso deixa de se constituir em bem valioso para a humanidade inteira.

São direitos que decorrem da própria personalidade humana. São emanações diretas do eu de cada qual, verdadeiros imperativos categóricos da existência humana.

O sentimento psíquico, a afetação da sensibilidade e a alteração do equilíbrio emocional, caracterizado pela angústia, dor moral, vergonha, humilhação, etc., ingressa no mundo jurídico, e a vítima clama por resposta que somente as regras do direito, bem como seus operadores, podem propor e efetivar. Neste quadro, mesmo sem a existência de lágrimas ou sem que a vítima perceba o que está ocorrendo em seu derredor, é possível que a lesão produza algum reflexo danoso, seja físico ou moral.

A falta de compreensão da própria dor, a falta de consciência do mal infligido e sua origem, pelo demente, o recém-nascido, o infante, não excluem a sua existência, porque igualmente são seres sensíveis e sofrem as conseqüências de uma lesão à sua integridade física.

Como exemplo, tomemos alguém que, embora não goze de perfeita saúde mental, sofra a violência de um estupro ou qualquer outra lesão que lhe agrave ainda mais a pouca saúde mental e física. Embora desprovida de saúde mental, perde esta vítima seus atributos como pessoa humana? A resposta é negativa, cabendo a seus responsáveis legais o dever de pleitear a devida compensação financeira.

Embora subjetivo o sentimento de angústia pelos efeitos e extensão da lesão moral, ou da lesão psicofísica traumatizante, ambas são passíveis de avaliação pelo julgador, com a experiência e sensibilidade que devem sempre acompanhá-lo, colocando-se no lugar da vítima e sentindo-se como tal, sem divorciar-se da análise dos fatos precedentes que conduziram aos tidos como detrimentosos à pessoa da vítima, atento ainda à relação de causa e conseqüência (ação mais reação provocada), para apuração de quem deu início aos fatos que resultaram na ação danosa, evitando condenação de quem foi antes vítima de ardil, ou de sutil provocação, que propriamente ofensor.

2.5 – O sofrimento psíquico, o menoscabo espiritual, advém da lesão sofrida pelo sujeito físico ou pessoa natural de direito em seu patrimônio ideal, entendendo-se por patrimônio ideal o conjunto de tudo aquilo que não seja suscetível de valor econômico, em contraposição a patrimônio econômico-financeiro, pois o **distúrbio psicológico** ocorre em diferentes graus, numa relação entre o fato e a mente na circunstância da pessoa lesionada, pois cada indivíduo é a sua circunstância, o seu caráter, no mundo do viver comum, sendo importante que o próprio comportamento moral e ético esteja dentro de padrões aceitáveis pelos bons costumes.

Por isso vai longe o entendimento na direção de que somente a lesão anímica psicossomática, que produz prejuízo material, é que seria alvo de indenização. Se o ato lesivo causou lesão física que impediu o profissional liberal de exercer suas atividades por um mês, além de o ofensor ter de pagar o que ele deixou de ganhar, também arcará com a indenização pela perturbação anímica que o profissional sofreu.

A reparação por lesão moral tem um misto de pena e compensação. É dizer: "pena ao lesante", mostrando para a sociedade que essas atitudes maldosas e anti-sociais não são toleradas; aliás, merecem o repúdia de todos, impedindo, assim, que as pratique novamente compensando o lesado nas suas devidas proporções, das conseqüências maléficas sofridas em decorrência do ataque desferido.

Em sua obra DANO MORAL INDENIZÁVEL, lembra Antônio Jeová Santos "a avalanche de demandas que pugnam pela indenização de lesão moral, sem que exista aquele substrato necessário para ensejar o ressarcimento. Está-se vivendo uma experiência em que todo e qualquer abespinhamento já ensanchas a pedidos de indenização.

Não é assim, porém. Conquanto existam pessoas cuja suscetibilidade aflore na epiderme, não se pode considerar que qualquer mal-estar seja apto a afetar o âmago, causando dor espiritual. Quando alguém diz ter sofrido dor espiritual, mas esta é conseqüência de uma suscetibilidade exagerada ou de uma suscetibilidade extrema, não existe reparação. Para que exista lesão moral é necessário que a ofensa tenha alguma grandeza e esteja revestida de certa importância e gravidade.

O perfeito entendimento sobre a configuração da lesão moral está, exatamente, no verificar a magnitude, a grandeza do ato ilícito, por exemplo:

Se um motorista xinga outro depois de uma manobra arriscada ao volante, não se vá inferir que houve lesão moral.

A mulher que é assediada na rua, rapidamente, *en passant*, e até se o homem proferir algum adjetivo ofensivo, pensando que está sendo galante, também não haverá lesão moral pela pequenez do que a conseqüência desses atos pode resultar na esfera espiritual da ofendida.

Nos grandes magazines, já se vulgarizou o uso de artefatos que detectam a saída de mercadorias que, à sorrelfa, tenham sido subtraídas por algum cliente. Se alguém comprar e pagar o artigo, mas, por mero esquecimento do funcionário, o artefato não foi retirado do produto, fazendo com que o sensor com sinais de bip emita sons, obrigando funcionários a, de forma cavalheiresca e sutil, pedirem ao comprador para verificar o pacote ou sacola contendo o bem comprado, e verificando sem estardalhaço que tudo não passou de esquecimento do funcionário, é obvio que essa circunstância se coloca como um mero aborrecimento, não suscetível de configurar lesão moral.

Diferente se, na hipótese acima ventilada, seguranças do magazine conduzem o cliente a local reservado, sob olhares de virtuais compradores que naquele momento estão na loja, e obriguem o suposto ladrão a tirar as roupas, façam rebuscada busca sob impropérios, claro está que aquilo que poderia ser um mero aborrecimento indiferente ao direito ressarcitório transformou-se em impacto nos sentimentos do honesto comprador. Aí a lesão moral emerge em toda sua plenitude".

A figura do homem médio, para ser joeirado daquele que possui uma suscetibilidade exacerbada da pessoa normal, que se agasta facilmente, há de ser buscada nesse tema. Aquele mal, infligido em decorrência da própria atividade que a pessoa exerce, não pode ser considerado lesão moral apta a ingressar no mundo jurídico, com a prática de um ato ilícito suscetível de dar azo à indenização.

Um funcionário que exerce sua função de caixa em um supermercado, por exemplo, está sujeito a deparar-se com pessoas insatisfeitas com o preço ou com a qualidade do produto encontrado. É natural, embora reprovável, que essa pessoa procure desabafar o seu descontentamento com o funcionário mais próximo e que passe mais tempo ouvindo-a. Também não haverá lesão moral.

O motorista de ônibus coletivo que a todo instante é obrigado a suportar palavras ferinas, ora porque o passageiro está atrasado, e quando chegar ao destino ouvirá uma descompostura de seu chefe, ou o árbitro de futebol que, no estádio, ouve de torcedores enraivecidos adjetivos pouco recomendáveis, não poderão invocar, depois, o órgão jurisdicional para buscar reparação por lesão moral. As atividades que ditas pessoas desenvolvem implicam no risco de ouvirem palavras menos airosas, o baldão. É um risco previamente assumido e decorre do cotidiano. Desde que os impropérios se circunscrevam ao mero desabafo, sem nenhuma outra valoração do que poderia se converter em ilicitude, não há lesão moral indenizável.

Agora, se o caixa, o motorista de ônibus ou o árbitro de futebol forem injuriados depois da jornada de trabalho, a situação se inverte. Não mais estarão no exercício da atividade em que, portanto, estavam a correr o risco de alguma ofensa. Se, por exemplo, algum tempo depois de uma partida de futebol, o árbitro, em seu local de trabalho, escuta que é um ladrão e que sua mãe não é nenhum modelo de mulher virtuosa, evidente que a lesão moral adveio, e grande é a possibilidade de o ofensor ser condenado ao pagamento da indenização (p. 116).

2.6 – Da lesão moral por calúnia, difamação, ou injúria, reconhecida em representação criminal do ofendido contra o ofensor, surge para aquele o direito de obter uma compensação em dinheiro pelo prejuízo material delas resultante (CC, art. 953), entendendo-se por prejuízo material a perda de recursos de sobrevivência da vítima.

Mas, se o ofendido não puder provar o prejuízo material a que se refere o caput do artigo, pagar-lhe-á o ofensor o dobro da multa no grau máximo da pena criminal respectiva, como compensação da lesão moral reconhecida, conforme expresso no parágrafo único, c/c a norma subsidiária do art. 49 da lei penal.

Por exemplo. Uma ação criminal em que alguém é acusado de apropriação indébita, eis que configurado o delito do art. 339 do Código Penal, depois provada sua inocência, surge para o ofendido o direito à reparação por eventual dano material direto resultante da lesão moral sofrida (CC, art. 953), ou, se não comprovado o dano direto, arbitrar-se-á a indenização pelo parágrafo único do art. 953, como compensação da lesão moral, em ambos os casos com aplicação subsidiária, na ação civil, do art. 49 da lei penal para arbitramento do valor compensatório, em face do princípio da responsabilidade com culpa lato sensu, ou seja, erro de conduta ou ofensa a uma regra predeterminada, como se deduz do art. 186 do Código Civil, que reza:

"Aquele que, por ação ou omissão voluntária, negligência, ou imprudência, violar direito e causar dano a outrem, ainda que exclusivamente moral, comete ato ilícito".

A responsabilidade sem culpa só existe, em nosso sistema legal, quando expressamente prevista em lei.

Observe-se, ainda, que a injúria, atribuindo qualidade negativa à moral objetiva, mas não ofensiva à reputação, difere da calúnia e da difamação, a primeira imputando falsamente fato que a lei considera crime, e a segunda imputando dolosamente fato ofensivo à boa reputação.

2.7 – A indenização material decorrenteda lesão moral a que se refere o art. 953, caput, não pressupõe, necessariamente, sentença condenatória pelos delitos dos arts. 138 a 140 do Cód. Penal, e nem a inexistência de ação penal impede a aplicação do art. 953, por ser a lesão moral independente de eventuais prejuízos materiais, como se deduz do seu parágrafo único.

É o caso, por exemplo, do protesto indevido de título cambial, em que a evidência do constrangimento propicia indenização por lesão moral, eis que, com o protesto, objetiva o suposto credor a cobrança coercitiva do título, ao arrepio das normas legais da execução para tal recebimento, com o devedor podendo provar o pagamento nos próprios autos, e ainda a indenização do prejuízo material, se existente e como reflexo do protesto.

A jurisprudência sobre os arts. 1.531 e 1.547 do CC anterior aplica-se aos artigos 940 e 953 do atual:

a) Cheque. Devolução. Responsabilidade civil.

Cabe reparação por responsabilidade do estabelecimento bancário que devolve cheque indevidamente, causando lesão moral ao correntista, ainda mais porque se recusa o banco a fornecer carta de retratação.

Indenização – Protesto indevido de título cambial – Fixação do quantum indenizatório – Aplicação do art. 1.531 do CC.

Ementa oficial: "Por analogia do art. 1531 do CC, admissível a fixação do quantum indenizatório, decorrente do protesto indevido do título, no valor correspondente ao dobro do consignado no título" – Ap. 1.66.196.1,j 26.5.94 – RT 717/170-200.

b) Dano moral. Protesto indevido de duplicata.Publicação que afetou a moral do autor. Desnecessidade de haver prejuízo material.Reparação de 360 dias-multa, fixados esses em cinco vezes o salário mínimo à época do fato. Inexistência de condenação criminal que não impede a aplicação do art. 1547 do Código Civil.

c) Adequada ao protesto indevido de título cambial é a aplicação do art. 1.531 do Código Civil como indenização pelo constrangimento moral puro e simples, e só sendo possível a indenização material se esta ocorrer como reflexo do fato do protesto.

2.8 – Aindenização pela prática dos ilícitos civis da calúnia e injúria, de que trata o art. 953, posteriormente elevados à categoria de crimes contra a honra, pela lei penal, com inclusão da difamação, é arbitrada para cobrir o prejuízo material sofrido pelo ofendido, resultante desses ilícitos penais, rezando o parágrafo único que 'e o ofendido não puder provar o prejuízo material, caberá ao juiz fixar, eqüitativamente, o Valor da indenização, na conformidade das circunstâncias do caso', para que o infrator não fique impune e responda por sua atitude maldosa e anti-social, aplicando-se o art. 49 da lei penal em relação aos crimes de calúnia, difamação e injúria, eis que ainda não cuidou o legislador de criar uma base de cálculo, como o fez no dispositivo penal, fixando em dias-multa, não podendo o dia-multa ser inferior a um trigésimo do salário mínimo mensal vigente ao tempo do fato, nem superior a cinco vezes esse salário.

E o Superior Tribunal de Justiça, pela Súmula 37, assentou que, "se do fato injurioso, calunioso ou difamatório ocorrer prejuízo material, poderão ser cumulados na mesma ação os pedidos de indenização por lesão moral e material".

Tomemos a figura da injúria, na gravidade do parágrafo 2º do art. 140 da lei penal, como sendo "a prática por violência ou vias de fato, que, por sua natureza ou meios empregados, se considerem aviltantes à dignidade de alguém". Daí resulta, naturalmente, como em outros casos, o rompimento do equilíbrio emocional em que vivia a pessoa ofendida, pelo abalo pessoal com a violação de algo intrínseco ou extrínseco à sua personalidade, atingindo sua reputação perante o núcleo social, familiar ou profissional a que pertença, ainda que não lhe resulte prejuízo material.

CAPÍTULO XIV

REPUTAÇÃO DA PESSOA JURÍDICA

1 – A necessidade do homem, que é efêmera, na tentativa de construir algo de duradouro e eterno, fez com que se criasse a **Pessoa Jurídica** como instituição permanente, resultante dum agrupamento humano organizado, estável, que visa a fins de utilidade pública ou privada e é completamente distinta dos indivíduos que a compõem, tais como a União, cada um dos Estados ou municípios (pessoas jurídicas de direito público), e as sociedades civis, mercantis, pias, fundações, etc. (pessoas jurídicas de direito privado), pessoa coletiva, fictícia, também chamada pessoa moral, com o objetivo de atingir fins comuns, pelo esforço, trabalho e capital das pessoas que se uniram para criação e desenvolvimento da empresa.

Tornando-se partícipe da economia, gerando riqueza, postos de trabalho e tributos, num crescente reconhecimento de sua função social, deu-lhe o Direito realidade jurídica ao outorgar-lhe personalidade com registro do nome com que passa a ser conhecida, identificada, tal como a pessoa natural, dotando-a de capacidade para adquirir direitos e contrair obrigações, sendo passível, portanto, de sofrer lesão na sua credibilidade, na sua reputação no mercado em que atua, por exemplo, nos casos de:

a) usurpação ou uso indevido do seu nome;

b) comentários que vulneram sua reputação comercial, como no caso do funcionário do banco que, encarregado de levantar cadastros de pessoas jurídicas, deixe vazar informações de que tal ou qual empresa se encontra em sérias condições financeiras, o que lhe pode causar sérios transtornos nos negócios;

c) protesto indevido de título cambial, eis que, com o protesto, objetiva o credor a cobrança extrajudicial da dívida por meio coercitivo, ao arrepio dos meios legais para sua cobrança, em que o devedor pode provar o pagamento, ainda mesmo no caso do protesto especial da Lei 7.661, art. 10, para requerimento da falência do devedor.

A idéia da personalidade jurídica apareceu no Direito Romano Imperial, apenas para os entes públicos, quando foi atribuída capacidade jurídica de direito privado às municipalidades, às quais se reconheceu um patrimônio próprio e foi permitida a representação em juízo.

Pessoa Jurídica, no Direito Romano, pós época Imperial, vem a ser a união social que reúne condições de adquirir patrimônio. A pessoa física, a seu turno, é individual e visível.

O sistema criado para as municipalidades se estendeu aos colégios, às corporações e ao próprio Estado, e constituiu a idéia de um ente ideal, distinto da personalidade de seus membros em conjunto e de cada um deles.

A nítida separação da coletividade e da pessoa que a integrava domina a idéia fundamental do Direito Romano. Do ponto de vista do direito privado, não existe identificação entre a pessoa coletiva e seus membros.

Igual princípio foi trasladado ao nosso Código Civil, de 1916 (arts. 17 e 20), e conservado no atual com a nova redação dos arts. 46, III e IV, e 118:

Art. 46.Registro declarará:

II – o nome e a individualização dos fundadores ou instituidores;
III – o modo por que que se administra e representa;

Art. 118. O representante é obrigado a provar às pessoas, com quem tratar em nome do representado, a sua qualidade e a extensão de seus poderes, sob pena de, não o fazendo, responder pelos atos que a estes excederem.

2 – A conseqüência imediata da personificação da sociedade é distinguí-la, para efeitos jurídicos, dos membros que a compõem, pois cada um dos sócios é uma individualidade e a sociedade uma outra; não há como lhes confundir a existência. "A corporação, ensina Endeman, com capacidade jurídica forma uma unidade superior aos seus membros e por si subsistente, a qual é como o corpo social, tão distinta de seus membros como distinto é o homem do complexo material de suas partes componentes".

"Desde o momento da personificação" – salienta Ferrara – "desaparece todo o nexo entre a massa genética associativa e o novo ente que surge dela, entre os negócios e o patrimônio do fundador e o ente fundado, que surge para a nova vida". Estabelecidos estes pressupostos, situa-se a pessoa jurídica, dentro do campo do Direito, como entidade distinta da de seus membros, passando a ser sujeito de direitos e obrigações, e tal como a pessoa natural também possui uma moral objetiva própria suscetível de ofensa.

E sendo certo que a pessoa jurídica é sujeito de direitos e obrigações tal como a pessoa natural, não menos certo é que também possui um nome a zelar no âmbito de suas atividades comerciais, especialmente junto aos consumidores, possuindo, portanto, uma reputação própria, uma imagem passível de ser lesionada e, assim, sofrer prejuízo material e/ou patrimonial quando atingida por ações difamatórias.

3 – A proteção aos atributos da personalidade para propositura da ação de reparação civil não está reservada somente às pessoas físicas. Aos grupos personalizados tem sido admitido esse tipo de via para proteger seu direito ao nome.

Com efeito, estabelece o § 3º do art. 225 da Constituição que:

"As condutas e atividades consideradas lesivas ao meio ambiente sujeitarão os infratores, pessoas físicas ou jurídicas, a sanções penais e administrativas, independentemente da obrigação de reparar os danos causados".

Ao considerar que as pessoas jurídicas são passíveis de cometer crimes ecológicos, devendo ser apenadas, a Constituição Federal considera as pessoas jurídicas em sua subjetividade e afasta o dogma de que jamais cometem crimes. Se era assim na seara do Direito Penal, cujos os conceitos de culpabilidade e imputabilidade já estavam verdadeiramente sedimentados, houve por bem o legislador do Código Civil, de 2002, estabelecer, no art. 52:

"Aplica-se às pessoas jurídicas, no que couber, a proteção dos direitos da personalidade".

Ponderando que a pessoa jurídica tem alguns direitos personalíssimos, o novo Código admite que ela pode ser passível de sofrer abalo em sua reputação.

Impossível prescindir do fenômeno da personalidade jurídica, desde uma sociedade limitada até as fundações e pessoas jurídicas de direito público, como a União, Estados, municípios e autarquias.

Existem, ainda, as associações que não têm fins lucrativos. Nestas, os indivíduos realizam uma série de atividades e nada impede que tais associações tenham colaboração internacional, como os organismos internacionais, ajustados sob personalidade jurídica, como a Cruz Vermelha Internacional, a Organização das Nações Unidas, a Organização dos Estados Americanos e tantos outros, que têm como atividade básica o fenômeno da paz. Pela importância das pessoas jurídicas no mundo atual é que o Direito estende seus tentáculos para abrigá-las, fornecendo soluções jurídicas para a sua perfeita existência.

Diferentemente da pessoa jurídica de Direito Público, a de Direito Privado recebe proteção do Estado por sua importância social e econômica, apontando os tribunais para a indenização das pessoas jurídicas sempre que houver ofensa ao seu bom-nome, à sua reputação ou imagem, numa campanha difamatória, por exemplo. Consistindo a difamação na imputação de fato ofensivo à reputação, constituindo crime pelo art. 139 do Código Penal, pode ocorrer ação criminal independente da ação civil por lesão à imagem, e ação de perdas e danos por prejuízo material em favor da pessoa jurídica atingida.

O art. 139, ao considerar difamação o ato de imputar fato ofensivo à reputação, não desconsidera que a pessoa jurídica possa ser lesionada em sua reputação e credibilidade, sujeitando-a a conseqüências econômicas prejudiciais. Não deve ser concebido que a pessoa jurídica possa ser vítima de calúnia, nem de injúria, mas de difamação; tal como a pessoa natural, a pessoa jurídica pode ser vítima desse crime.

A pessoa jurídica, como criação da ordem legal, não tem capacidade de sentir emoção e dor, estando por isso imune a ações injuriosas, mas pode padecer de ataque à sua imagem como empresa, à boa reputação que goza junto a terceiros, que pode ficar abalada por atos que afetam o seu bom-nome na esfera comercial em que atua, causando-lhe prejuízo material com a perda efetiva de clientela e de celebração de novos negócios.

A Lei 8.078 (Código do Consumidor) considera consumidor "toda pessoa física ou jurídica que adquire ou utiliza produto ou serviço como destinatário final".

O art. 6º, inciso VI, da mesma lei, trata dos direitos básicos do consumidor, com efetiva prevenção e reparação de prejuízos materiais individuais, coletivos e difusos. E as relações de consumo também se desenvolvem tendo a pessoa jurídica como consumidora, porque também ela adquire produtos como destinatária final, podendo sofrer prejuízo material com a qualidade ou inadequação do produto adquirido, estando, assim, apta a postular indenização pelos danos causados.

CAPÍTULO XV

DECADÊNCIA DO DIREITO À TUTELA JURÍDICA

1 – Os atributos da personalidade se constituem do caráter essencial e exclusivo de uma pessoa na vida de relação (fenômeno jurídico), e sua ofensa tem o condão de produzir, "de imediato", conseqüências na esfera penal, com reflexos na esfera civil, **por resultarem do mesmo fato.**

E se o fato jurídico considerado crime, para efeito de pena criminal, é o mesmo que gera imposição de pena pecuniária, é porque tem ele sua existência dinâmica no conjunto do sistema jurídico em que se insere. Não é possível, portanto, entendê-lo fora de sua organicidade jurídica, devendo ser olhado em sua relação com o todo: "seu universo de manifestação".

Assim, se o direito ao ressarcimento pecuniário resultante de lesão moral por calúnia, difamação ou injúria (CP, arts. 138 a 140) surge do mesmo fato delituoso que gera o direito de representação criminal ao ofendido, tem ele o mesmo prazo de decadência de seis (6) meses previsto no art. 103 do Código Penal c/c art. 38 do Código de Processo Penal para o seu exercício, "se lei especial não estabelecer prazo diverso", critério usado pelo legislador para impor limite na interferência do ofendido na vida do ofensor, para que não haja abuso de direito, com sua eternização, seja na perseguição criminal, seja na perseguição civil, para reparação da lesão moral e/ou material, especialmente pelas conseqüências imediatas causadas pelo fato delituoso. A Lei 5.250/67, em seu art. 52, estabelece em três meses o prazo de decadência do direito à indenização por lesão moral. Outro exemplo nos traz o art. 26 da Lei 8.078 (Cód. do Consumidor), ao estabelecer que o direito de reclamar pelos vícios aparentes ou de "fácil constatação" caduca em:

I – 30 (trinta) dias, tratando-se de fornecimento de serviços e de produtos não duráveis;

II – 90 (noventa) dias, tratando-se de fornecimento de serviços e de produtos duráveis.

Com tais limitações de prazo, quis o legislador impedir a perpetuação do direito, bem como "o silêncio malicioso do ofendido, numa aparente inércia diante de um ato contra si praticado", e cujos danos são imediatamente conhecidos, evitando-se, assim, o uso abusivo do direito em tempo prolongado, a trazer intranqüilidade social.

A indenização por lesão moral em favor do ofendido e o limite do prazo que favorece o ofensor "não são direitos que se contrapõem", mas se harmonizam em nome da paz social.

Se, de um lado, há direito tutelado contra eventuais ações que violam a intimidade, a vida privada, a moral e a reputação das pessoas, de outro lado há direito tutelado do ofensor contra a eternização daquele direito, com o estabelecimento de prazo para o seu exercício.

Se, de um lado, há direito tutelado de ser indenizado por eventual violação de um desses direitos da personalidade, de outro lado há direito tutelado ao limite dessa indenização, atento o legislador aos princípios da "proporcionalidade" contra o enriquecimento ilícito, e do "meio" menos lesivo ou do menor sacrifício, princípios já consagrados na legislação pátria civil e especial, que não podem ser postergados. É o que se encontra na jurisprudência, inclusive da Suprema Corte:

"Não pode o juiz, sob a alegação de que a aplicação do texto da lei não se harmoniza com seu sentimento de justiça ou de eqüidade, substituir-se ao legislador para formular ele próprio a regra de direito aplicável. Mitigue o juiz o rigor da lei, aplique-a com eqüidade e equanimidade, mas não a substitua pelo seu critério" (STJ-RBTP 50/159).

"A figura do **judge made law** é incompatível com a tripartição do Poder, pois gera arbítrio do Judiciário, a par de invadir a esfera legiferante, atribuição de outro Poder. Onde irá a certeza do Direito se cada juiz se arvorar em legislador?" (RT 604).

"A melhor interpretação da lei é a que se preocupa com a solução justa, não podendo o seu aplicador esquecer que o rigorismo na exegese dos textos legais pode levar a injustiças" (RSTJ 4 a 554 e RT 656 a 688). Neste mesmo sentido, RSTJ 28 a 312:

"A interpretação da lei não deve ser formal, mas sim, antes de tudo, real, humana, socialmente útil. Se o juiz não pode tomar liberdades inadmissíveis com a lei, julgando "**contra legem**", pode e deve, por outro lado, optar pela interpretação que mais atenda às aspirações da justiça e do bem comum" (Ministro Sálvio Figueiredo, in RSTJ, p. 384).

Há que se lembrar, finalmente, que, posteriormente ao Código Civil de 1916 e a regular questões pertinentes a lesões morais, vigem a Lei de Imprensa, o Código de Telecomunicações e o Código de Defesa do Consumidor (art. 27), que substituem o Código Civil no respeitante a formas de indenização e prazos decadenciais para ajuizamento das ações pertinentes, prescrevendo o novo código, no art. 206, V, que "prescreve em 3 (três) anos a pretensão de reparação civil". Mas esse prazo não se aplica às ações de indenização por lesão moral decorrentes dos crimes dos arts. 138 a 140 do CP (calúnia, difamação e injúria), cujo prazo é de decadência e o mesmo de 6 (seis) meses da ação penal, por decorrerem do mesmo fato.

CAPÍTULO XVI

ANALOGIA E APLICAÇÃO EXTENSIVA DA LEI DENTRO DA ÉTICA

1 - Dispõe o art. 126 do Código de Processo Civil pátrio que "o juiz não se exime de sentenciar ou despachar alegando lacuna ou obscuridade da lei. No julgamento da lide caber-lhe-á aplicar as normas legais; não as havendo, recorrerá à analogia, aos costumes jurídicos e aos princípios gerais de direito", e, "acrescente-se", desgarrando-se de excessivos valores formais ou aparentes que resultam na multiplicação exagerada de meios de defesa e de recursos, não raro em conflito com a lógica (arte e método de pensar com acerto), que, criados a pretexto de preservação de direitos fundamentais, redundam em bloqueio à celeridade da prestação jurisdicional – "o que não é ético" –, em contrário ao que dispõe o inciso II do art. 125 da mesma lei processual: "velar pela rápida solução do litígio".

Sendo o Direito o conceito e a Norma jurídica (vista na letra) o preceito, e assim nem sempre expressando o direito como entendido no presente, por sua dinamicidade, interpretar o texto da lei, para sua adaptação a um caso concreto, é caminhar por uma cadeia decodificadora da ideologia nele embutida, para ajustá-lo ao momento em que sua aplicação se faz necessária na solução de conflitos, não se limitando o intérprete na busca de dispositivo específico para cada caso, o que não existe, mas promovendo um encontro ordenado e sistematizado numa visão de conjunto de todo o ordenamento jurídico na solução do caso concreto, sem torná-lo incompatível com a moral e a ética, e afastando-se do enfadonho e corrompido jargão "não há amparo legal", ou aquele outro dirigido ao advogado: "o senhor recorre, doutor".

Além dos mecanismos relacionados com a técnica de desestruturação da informação contida na lei, substantiva ou adjetiva, há que se considerar o contexto em que foi produzida, ampliando o universo de conhecimentos envolvidos com a interpretação no caso concreto, eis que incontestável que a atividade consciente e refletida entra na formação da norma jurídica, e que esta atividade se revela de modo inteiramente preponderante na interpretação da lei, como operação lógica, mediante a qual se suprem as omissões, aplicando à apreciação de uma dada relação jurídica as normas de direito objetivo disciplinadoras de casos, fatos ou situações cujas características se assemelham.

Por causa dessa semelhança e identidade, mostram-se as relações jurídicas absorvidas por uma mesma norma ou normas atribuídas a casos análogos, se lei especial não prescreveu regra própria para todos eles, atuando a analogia como fonte formal da norma, pela celeridade imposta com as constantes transformações sociais e econômicas. Por outras palavras, tem a analogia por objeto descobrir os modos e os meios de amparar juridicamente, "e com rapidez e certeza", um interesse humano *sub judice*, enquadrando um caso concreto em uma norma jurídica adequada, transformando-a em realidade eficiente, seja num caso individual ou coletivo. Isto se dá ou mediante a atividade dos parlamentares no sentido de ajustar a lei antiga a um fato presente, agindo juridicamente, ou pela ação, espontânea ou provocada, dos órgãos judiciais contra violação de direitos, e até mesmo contra simples tentativa de iludir ou desrespeitar dispositivos escritos ou consuetudinários. Eis a aplicação analógica da norma jurídica, seja substantiva, seja adjetiva.

2 – Baseado em estudos alienígenas, especialmente nos estatutos da Universidade de Coimbra, de 1772, no capítulo que tem por epígrafe Da Aplicação do Direito, ensina CARLOS MAXIMILIANO:

"Busca-se, em primeiro lugar, o grupo de tipos jurídicos que se parece, de um modo geral, com o fato sujeito a exame; reduz-se, depois, a investigação aos que revelam semelhança evidente, mais aproximada, por maior número de faces; o último na série gradativa, o que se equipara, mais ou menos, ao caso proposto, será o dispositivo colimado.

Portanto, depois de verificar em que ramo do Direito se encontra a solução do problema em foco, o aplicador desce às prescrições especiais. Podem estas colidir no espaço, ou no tempo, o que determina o exame prévio do Direito Constitucional, no primeiro caso; outras alternativas à irretroatividade das leis, no segundo caso.

Entre preceitos que promanam da mesma origem e se contradizem, cumpre verificar a data da publicação, a fim de saber qual o que revoga implicitamente o outro. Se os dois surgiram simultaneamente, ou pertencem ao mesmo repositório, procure-se conciliá-los quando possível. Se, ao contrário, são de natureza diferente, faça-se prevalecer o estatuto fundamental sobre todos os ramos do Direito Positivo, a lei sobre o regulamento, o costume, uso ou praxe" (*Hermenêutica e Aplicação do Direito*, p. 7, 16ª edição).

Como bem diz o mesmo autor, "a lei é a expressão da vontade do Estado, e esta persiste autônoma, independente do complexo de pensamentos e tendências que animaram as pessoas cooperantes na sua emanação. Deve o intérprete descobrir e revelar o conteúdo de vontade **expressa em forma constitucional,** e não as volições algures manifestadas, ou deixadas no campo intencional, pois a lei não é o que o legislador quis, nem o que pretendeu exprimir, e, sim, o que exprimiu de fato" (p. 31). "Cada representante do povo aceita por um motivo pessoal a inclusão de palavra ou frase, visando a um objetivo particular a que a mesma se presta; há o acordo presente, resultante de profundas contradições.

Bastas vezes a redação final resulta imprecisa, ambígua, revelando-se produto da inelutável necessidade de transigir com exigências pequeninas, a fim de conseguir a passagem da idéia principal.

Os motivos que induzem alguém a propor uma lei podem não ser os mesmos que levaram os outros a aceitá-la" (p. 23).

3 – Consiste a analogia na aplicação de alguma norma jurídica a certa situação não regulada por outra, em conformidade com o direito em seu sentido mais puro, como algo justo em face de outra situação regulada; ou, por outras palavras, a dois fatos distintos, mas semelhantes, aplica-se a norma jurídica reguladora de um dos fatos ao outro não contemplado por nenhuma norma específica, na esteira do art. 126 do CPC:

"O juiz não se exime de sentenciar ou despachar alegando lacuna ou obscuridade da lei. No julgamento da lide caber-lhe-á aplicar as normas legais; não as havendo, recorrerá à analogia, aos costumes e aos princípios gerais de direito".

O mesmo determina o art. 6º da Lei 9.099, dos Juizados Especiais:

"O juiz adotará em cada caso a decisão que reputar mais justa e equânime, atendendo aos fins sociais da lei e às exigências do bem comum".

Há que se levar em conta, que, por mais previdente que seja, não pode o legislador descer a casuísmos e reger todas as hipóteses que a realidade apresenta no dia-a-dia e se desenvolvem sob aspectos imprevistos, com os desníveis, os conflitos, as diferenças entre a norma e os fatos, entre a previsão do legislador e as ocorrências da vida, cabendo ao intéprete e ao aplicador da norma procurar descobrir a vontade objetivamente nela considerada, a sua idéia, os fins sociais que objetiva em face das exigências do bem comum das partes em conflito, e não a vontade circunstancial do legislador, que não tem personalidade física individual, cujo pensamento, pendores e vontades se apreendam sem custo, porque a concessão do direito expresso na norma só tem sentido quando esse direito pode ser assegurado na vida real, sem obstáculos que impossibilitem a sua realização.

Acentua Ricaséns Siches "que, para se cumprir e aplicar uma lei ou um regulamento, é iniludivelmente necessário converter a regra geral em uma norma generalizada, e transformar os termos abstratos em preceitos concretos".

Já dizia os sofistas que "a norma jurídica criada pelo legislador surge como produto de opiniões e convicções individuais dos cidadãos, acerca do que se devia fazer ou deixar de fazer".

Nessa linha de raciocínio, se vícios ou defeitos existem que a incompatibilizem com a realidade para a qual foi destinada, cabe ao intérprete e ao legislador a tarefa de corrigi-la, e ao aplicador, a de atender aos fins sociais a que ela se dirige e às exigências do bem comum. É o que dizem os artigos acima transcritos, para que não impere a injustiça legalizada, afastando as iniqüidades embutidas na lei, reveladas em casos concretos, o que se faz com as vistas voltadas para a socialidade da lei.

Como método interpretativo adotado nos referidos artigos, a analogia, se de um lado mantém-se dentro dos limites da lei, no caso por ela regulado, de outro identifica as circunstâncias em que ocorreu o fato não regulado e sua semelhança com outro regulado, e o tratamento jurídico compreendido no mesmo ordenamento, satisfazendo igualmente as diversas exigências da interpretação da lei, com realização do princípio da igualdade, porquanto não leva a exceder os limites do direito traçado pelos órgãos competentes.

É operação mediante a qual se supre a omissão da lei, ou sua ausência, aplicando a uma dada relação jurídica, ou a algum ato, ou fato que possa produzir um efeito jurídico (fato jurígeno), a norma de Direito disciplinadora de um caso ou casos semelhantes, dentro do ramo do direito em que se encontra (adjetivo, substantivo ou lei especial). Por exemplo:

a) equiparação do banco à figura do depositário judicial (CPC, art. 148), quando fica como depositário de valores em conta corrente ou aplicações financeiras, bloqueadas por ordem judicial em medida cautelar preparatória de outra ação (principal) em que se discutirá a propriedade dos valores bloqueados, perdendo o titular das contas a titularidade se a decisão judicial irrecorrível for favorável ao autor da ação principal, "cuja execução se processa por simples mandado ao banco para entrega dos valores ao novo titular, por tratar-se de ação mandamental", sem as complicações processuais e novos custos acarretados com a decisão do Tribunal de Justiça de São Paulo, no Agravo de Instrumento 084.108-4, que entendeu necessária a cobrança formal contra o banco depositário em outra ação.

b) antes do advento da Lei 8.971, de 29.12.94, aplicou-se, por analogia, os serviços da empregada doméstica, cozinheira, copeira ou lavadeira, a concessão de indenização à concubina por serviços prestados ao amásio, em reação ao locupletamento indevido do homem, com enriquecimento às custas do trabalho alheio.

Outro exemplo tem-se na Ação de Sustação de Protesto, que a rigor jamais dependeu de outra ação (dita principal), pois, regulado o protesto pelos arts. 28 e 29 do Dec. 2.044, de 31.12 de 1908, e art. 11 do Dec-Lei 7.661, de 21.6.1945, *surge como ação única, autônoma*, onde simplesmente se discute a viabilidade ou não do protesto do título frente a possíveis vícios que o maculem, como um título sem origem negocial, 'ou mesmo para alegar a prescrição cambial', pelo art. 52 do Dec. 2.044, 'que tornaria o título inexeqüível e só cobrável por ação ordinária', decidindo o juízo sobre a procedência ou improcedência do pedido de sustação, tendo em vista que "a cautelaridade que se busca com a sustação é contra possíveis efeitos danosos que possam abalar o crédito do emitente ou sacador do título", e concedendo-se a tutela antecipada do art. 273 do Código de Processo Civil, com a nova redação que lhe foi dada pela Lei 8.952, de 13.12.94, em face da urgência que caracteriza o *fumus boni juris e o periculum in mora*, antes preservada ao juízo no poder cautelar que se inscreve nos arts. 798 e 799 do CPC (Ap. 320.319 e Ag. de Inst. 50.550-1, in RT 86/159 e LEX 95/251).

Proposta a ação no prazo do art. 29 do Dec. 2.044, determinará o juízo:

a) prestação de caução pelo devedor no prazo que assinar, se se tratar de protesto por falta de pagamento, propiciando a sustação liminar do protesto pela tutela antecipada do art. 273 do CPC;

b) citação do credor para contestar em cinco (5) dias, e, no caso de protesto por falta de pagamento, ajuizar paralelamente a execução, com penhora da caução oferecida para obtenção da tutela antecipada, ficando suspensa a execução até julgamento da ação de sustação.

3.1 – A Interpretação Analógica foge à lógica restritiva e gramatical do dispositivo legal, adaptando-a a fatos concretos, numa integração entre normas de uma mesma organicidade jurídica. Pelo ensinamento de FRANCESCO FERRARA, a distinção entre a analogia e aplicação extensiva da lei tem importância teórica e prática, porque"o princípio que veda estender as normas penais e excepcionais além dos casos expressos refere-se unicamente à aplicação analógica e à aplicação extensiva da lei".

Exemplo de aplicação extensiva da norma legal é a extensão do prazo decadencial de representação criminal dos arts. 138, 139 e 140 do Código Penal à Ação de Indenização decorrente de Lesão Moral, **pois o fato que gera o delito penal é o mesmo que produz o dano indenizável.**

Assim, a aplicação extensiva da analogia pressupõe caso já compreendido em alguma norma legal, mas necessitada de ser complementada por outra, "por ser aplicada a uma relação que parece excluída", revelando o sentido daquilo que o legislador pretendeu em dado momento da conjuntura social, conciliando-a com a evolução, para completar o pensamento da lei, que não se identifica com a sua letra, que é apenas um meio de comunicação.

O juízo aplica, hoje, os preceitos anulatórios dos contratos incompatíveis com a moral; porém, toma-se por base esta como se entende no presente, e não a da época em que o texto foi promulgado.

A lei é uma força constante e vivaz, objetiva e independente de seu prolator. O aplicador extrai da fórmula concreta tudo o que ela pode dar implícita ou explicitamente, não só a idéia direta, clara, evidente, mas também a indireta, ligada à primeira por semelhança, deduzida por analogia.

ALÍPIO SILVEIRA cita lição do jurisconsulto espanhol Fernando Clemente de Diego: "A lei é meramente seu texto escrito, as palavras e as orações nele contidas, e as singulares declarações e particulares disposições e afirmações nele feitas. Seu texto, suas palavras e orações são portadores do pensamento, o aparelho, o sinal através do qual se oculta o sentido total, o espírito e conteúdo da lei. A essência e conteúdo da lei não estão nas palavras, mas nas idéias, no espírito, nos superiores conceitos informadores da lei. O conceito dela é sempre mais rico do que o expressado literalmente" (*Fuentes del Derecho Civil Espanõl*, p. 186/187) – Hermenêutica no Direito Brasileiro, p. 5, Vol. 1).

Na interpretação da lei, o exame das palavras nela empregadas (interpretação gramatical) e a indagação do conteúdo conceitual da norma (interpretação lógica) se completam numa coerência de raciocínio, de idéias, para vislumbre do seu espírito, da sua razão de existir, de sua causa final dentro da organização social e política em que se insere, tornando-se abstrata ao entrar em vigência, por desligar-se de sua fonte: o legislador.

3.2 – Como o Direito é antes de tudo intuitivo, numa relação de causa e conseqüência ante fatos no mundo do viver comum, atividades e conflitos, pode-se afirmar que da análise dos fatos se intui o Direito para aplicação da norma jurídica, cabendo ao aplicador dar ao texto legal a necessária elasticidade, fazendo com que ele se adapte às mudanças que a evolução opera na vida social.

Por exemplo. "A 4ª Turma do STJ decidiu dividir o seguro deixado por funcionário público à amante, entre esta e a mulher com quem ainda se mantinha casado, sob o fundamento de que era indiscutível a relação de concubinato do morto com a amante (com quem deixou três filhos), sem, contudo, ignorar as normas legais de proteção da mulher, ainda civilmente casada, com quem deixou cinco filhos."

Dessa conjuntura se extrai: o casamento é um fato, o concubinato, outro fato e os filhos, outro fato.se apenas a uma delas fosse conferido o seguro, os filhos da outra seriam indiretamente prejudicados, em face do direito sucessório, já que todos os filhos, vindos ou não do casamento, são herdeiros necessários.

Sendo a lei obra de numerosos espíritos, cuja idéias se fundem em um conglomerado difícil de decompor, deve o hermeneuta e aplicador buscar o seu espírito, a sua socialidade, revelando o sentido daquilo que o legislador pretendeu em dado momento da conjuntura social, completando o pensamento da lei, que não se identifica com a sua letra, que é apenas um meio de comunicação, porque o conteúdo espiritual dela é sempre mais rico do que o expressado literalmente, eis que a palavra é um mau veículo do pensamento.

Em nossa sistemática jurídica deparamo-nos freqüentemente com grandes iniqüidades embutidas em textos de leis, tendo como exemplo a Lei 8.245 (lei do inquilinato), que, por seu art. 82, acrescentou ao art. 3º da lei 8.009 (Bem de Família) o inciso VII, que exclui da impenhorabilidade o imóvel de família "por obrigação decorrente de fiança concedida em contrato de locação". Tal preceito é incompatível com a consciência moral e ética quando paira ameaçador a fiadores, cuja única fortuna é o teto em que se abrigam das intempéres da vida, em uma sociedade em que a desigualdade é sua marca registrada; onde o que menos tem perde para o que mais tem, numa agressão ao Direito Natural ao abrigo, porque a lei da vida mostra-o necessário em face dos fenômenos da natureza e da dignidade do ser humano.

O afastamento das iniqüidades, como dever do intérprete e aplicador da lei, é pôr cobro ao bom senso como sinal de sabedoria, que não se confunde com a de um ser trancado no casulo de suas convicções ou crenças, egoisticamente indiferente aos dramas dos menos afortunados, não guardando o acerto ou a verdade para si, nem somente revelando o pensamento quando já perdida a oportunidade de se decidir em sintonia com as exigências do bem comum e o mais expressivo sentimento éticc. Eis a verdadeira justiça.

Embora de aparência translúcida, de clareza exterior, a fórmula ilude e não revela todo o conteúdo da lei, restando sempre margem para conceitos e dúvidas, já que a própria letra da norma nem sempre indica se deve ser atendida à risca, ou aplicada extensivamente, pois sob um só invólucro verbal se conchegam e escondem várias idéias, valores mais amplos e profundos do que os resultantes da simples apreciação do texto.

Desejável e ideal seria que a lei votada e promulgada mais e mais se aproximasse do cidadão, para que ele pudesse interpretá-la, discuti-la e colocá-la em prática, ou mesmo questioná-la, ante técnica legislativa próxima da compreensão popular, já que a técnica legislativa envolve conhecimento da língua, da gramática e do saber jurídico.

Há que se balizar a questão discutida em face de outra já regulada por lei cujas características se assemelham. Mas não deve o hermeneuta mergulhar em lucubrações abstratas desnecessárias, espartilhando, por exemplo, simples questões processuais em prejuízo da celeridade da prestação jurisdicional, até mesmo com ajuizamento de outra ação para se atingir o mesmo objetivo, com novos custos para o usuário da justiça e desgaste com sua eternização. **"Justiça atrasada não é justiça, senão injustiça qualificada e manifesta" (Rui Barbosa).**

Usando da faculdade de interpretação, cabe ao aplicador dar ao texto legal a necessária elasticidade, fazendo com que ele, que muitas vezes pode ser acoimado de anacrônico, adapte-se às mudanças que a evolução opera na sua vigência; adapte-se e se conforme com o meio e as realidades do presente, atendendo às realidades sociais desconhecidas na época em que a lei foi promulgada (RT 167/286). "A letra da lei permanece, apenas seu conteúdo se adapta à realidade do presente."

CAPÍTULO XVII

TEORIA DOS OBJETOS NO CAMPO DA ÉTICA

1 – Segundo ensinamentos mais recentes, uma compreensão satisfatória da Ética pressupõe uma distinção da Ética como Objeto de Conhecimento, que leva naturalmente ao estudo da chamada Teoria dos Objetos. Não dos objetos tomados como coisas, mas objetos de conhecimento, objetos de um juízo, de um julgamento, objetos da ação humana. Portanto, tudo aqui o que se apresenta como razão de ser do conhecimento do homem.

A teoria dos objetos é uma teoria fundamental para a filosofia contemporânea, especialmente pelo uso que dela fez talvez o maior filósofo do nosso século, Edmon Husserl, do qual partiram todas as grandes correntes do pensamento atual; por exemplo, a filosofia do existencialismo (que se baseia nas razões da existência humana) e a teoria da hermenêutica – interpretação dos textos sagrados, do sentido das palavras, arte de interpretar as leis, e assim por diante.

Husserl diz que a consciência natural, sem educação filosófica, só conhece objetos: "vê a poltrona, a lâmpada, a porta, a mesa à sua volta, etc. O mesmo se dá com a consciência que avalia e observa fatos, e analisa-os".

Na vida cotidiana e no trabalho científico, expõe Husserl, temos objetos diante de nós e tendemos a esquecer que os objetos só existem para o sujeito pensante, um sujeito de início simulado porque ele próprio é um objeto, mas objeto pensante diante do qual os objetos existem. O espetáculo dos objetos faz-nos esquecer este espectador invisível, que é a consciência pensante em cada um de nós. Por isso, a função primeira da filosofia é corrigir este esquecimento, é revelar a si mesma esta consciência constituinte para qual e pela qual os objetos existem.

Consiste a teoria dos objetos em dizer que tudo aquilo que existe no mundo natural e no mundo humano pode ser objeto de conhecimento, de atividade e de avaliação, distinguindo-se em dois grandes grupos: "objetos naturais e ideais de um lado", que são objetos pertinentes ao mundo do ser, ou seja, as coisas enquanto elas são, e de outro as coisas dos atos humanos enquanto devem ser no mundo dos valores. Esta a distinção básica da teoria dos objetos. Ou se examina um fato e um ato segundo o que ele é, ou se examina um fato e um ato segundo o que ele deve ser no mundo dos valores.

No que se refere ao mundo do ser, há que se fazer uma distinção: "ou o ser é um ser natural" (físico ou psíquico), "ou o ser é um ser ideal", como um círculo, um silogismo.

"Objetos naturais" são aqueles de que tratam os interesses naturais, e "objetos psíquicos", os que tratam, naturalmente, a psicologia e todas as suas derivações.

Os objetos ideais são objetos nórticos, por exemplo, repita-se, um silogismo (premissa maior, menor e conclusão) ou um triângulo. Ao lado desses objetos são colocados os valores como medida do ideal.

Os valores se distinguem não porque eles sejam, mas porque devem ser. A beleza, por exemplo, é algo que nós contemplamos, mas a beleza, mais do que ser, ela deve ser algo que compõe uma série de fatores e de elementos que produzem uma sensação, digamos assim, de admiração para todo o sempre. Assim, a beleza, a utilidade, a lealdade, a felicidade, como um sentimento de prazer com os objetos e circunstâncias que a vida oferece para usufruir, e tudo o mais são valores que devem ser[16].

Pertencendo a Ética ao campo da Axiologia, ou seja, a teoria que estuda e trabalha os valores, diz Naylor Salles Gontijo que "ela tem de se preocupar não só com os valores morais, como

---

16. Miguel Reale em Seminário sobre Ética na Secção da OAB de São Paulo, em 22.10.98.

ainda com os valores humanos, sob pena de perder-se num unilateralismo vão e que a faz repelente a uma análise científica completa. A conjugação desses dois valores é que a habilita a consagrar, como modelo ou paradigma, o Comportamento Ideal, que deve prevalecer como regra de foro íntimo (julgamento íntimo, juízo da própria consciência), ou como regra de conduta social.

O Comportamento Ideal pode-se mostrar como virtude, outorgando à Ética a prerrogativa de ser aceita como a doutrina das virtudes. Por isso é que podemos separar o seguinte:

a) quando a Ética versa as atitudes pessoais e íntimas, ela se nos apresenta como sendo Moral, a qual somente deseja que o homem se submeta aos ditames de sua própria consciência;

b) quando a Ética versa as atitudes humanas e sociais, ela se nos apresenta como sendo o Direito, porque este visa a conseguir a ordem social e, portanto, deve alcançar as relações entre os homens, e não os fatos de sua consciência, de seu intimismo"[17].

A ética platônica, a ética aristotélica, é uma ética do "dever ser" puro, ou seja, uma ética ideal que exibirá resultados correspondentes à harmonia entre a Estrutura Ideal e a Realidade das Leis que organizam a comunidade social, em oposição ao "ser que existe em si e por si na realidade", segundo Walter Brugger, sem qualquer preocupação com o "pensado", ou com o "imaginado", porque o pensado, segundo magistério de Levy-Strauss, está fora da realidade objetiva e relaciona-se com o sobrenatural[18].

Para Miguel Reale, pode-se partir do pressuposto e da convicção de que não se tem uma idéia clara a respeito do assunto até e enquanto não se o coloque num ângulo total, numa totalidade, num quadro compreensível.

A teoria da ética é uma teoria axiológica, uma teoria valorativa. A axiologia, portanto, é a teoria dos valores, é aquela parte da filosofia que tem como objeto aquilo que é valioso, e dentro

---
17. Naylor Salles Gontijo - *Introdução à Ciência do Direito*, p. 70, Forense, 2ª ed., 1969.
18. Naylor Salles Gontijo - *Introdução à Ciência do Direito*, p. 16, 2ª ed., 1969.

desse amplo quadro da axiologia estão os valores éticos, como parte da axiologia. Então, tudo deve ser visto sob uma compreensão universal, porque a filosofia só é filosofia enquanto universalidade.

O filósofo não fala do particular, a não ser quando esse particular é inserido como elemento ou momento de universalidade. É isso que se precisa ter como fonte de partida: "a compreensão de que a ética é uma teoria dos valores". A ética está num valor que se pode chamar de "valor-fonte", e esse valor-fonte é a pessoa humana.

De todos os valores, o valor fundamental da ética e de tudo aquilo que o homem possa pensar ou realizar é a pessoa humana. A pessoa humana é uma invariância sociológica. Os valores têm mudança contínua. Por exemplo. Atualmente dá-se como importância básica fundamental o valor do meio ambiente, o valor ecológico. É um valor de nossa época. É inegavelmente um dos valores invariantes.

Um valor invariante é aquele valor do qual não se olvida mais, uma vez conquistada a sua consciência. Quando se eleva até o plano da consciência coletiva um determinado valor como o da pessoa humana, "como o da defesa pessoal no plano do direito", e assim por diante, esse valor se torna perene. É um valor que pode mudar de sentido através do tempo, mas ele estará sempre presente na cúpula dos valores fundantes da atividade humana. Dentre esses valores fundantes, dentre essas invariantes axiológicas, a pessoa humana é um valor fundamental.

De maneira que, pode-se dizer, como ponto de partida, que a ética é a teoria fundamental da pessoa humana. É a teoria da pessoa humana, não isolada, no sentido individual da palavra, mas a pessoa humana em relação a outras pessoas, numa interação de objetividade fundante.Nós não podemos nos conhecer até e enquanto nos isolamos ou até e enquanto nos consideramos autárquicos. Ou seja, bastantes a nós mesmos. Ninguém é autárquico.Ninguém se basta a si mesmo. Eu significo alguma coisa porque os outros também significam, e me dão significado.

A ética é uma troca de significação recíproca entre os homens. É assim que nós temos uma base maior para compreender o fenômeno ético, porque sem essa visão nós não temos acesso filosófico ao plano da ética, ao plano da moral. Numa simples observação, **o que significa ética? O que significa moral no sentido corrente?** Ética, de acordo com a terminologia grega "ethos" (ética) e de acordo com a terminologia latina "mos" (moral), significa a mesma coisa. Os gregos a chamavam "teoria da conduta ética" e os latinos a chamavam "teoria da conduta moral". Daí, nós que nos originamos dessa fusão do pensamento greco-latino da civilização helênica, usamos as duas palavras, ética e moral.

Como tudo na vida tem seus candentes e suas modificações, aos poucos as palavras também vão sofrendo mudanças em seu significado. E a ética foi aos poucos adquirindo um sentido mais amplo e genérico, e a moral foi especificando-se numa acepção mais restrita. Hoje nós dizemos que a moral compõe a ética, está inserida na ética. Digamos que a ética se tornou mais universal, enquanto a moral apegou-se mais à criatura humana, à pessoa humana como tal. Então, nós estamos aqui procurando ver uma distinção entre ética e moral. Na linguagem corrente, é claro, as duas palavras se usam indistintamente.

Na nossa vida comum eu digo "essa pessoa tem uma falta de ética", assim como digo "essa pessoa tem uma falta de moral". Na linguagem corrente, comum, essas sutilezas que estamos procurando mostrar, que são fruto da meditação e de conhecimento, não são levadas em conta porque é o bastante para a intercomunicação. Como tudo na ética deve ser comunicação de massa, essas sutilezas, pela interculminância, parece que vão desaparecendo, para prevalecer um sentido massificador de tudo, e isso é um grande risco, porque se perde o que há de mais profundo, o que está no âmbito de tudo, no âmbito das coisas, no âmbito do ser.

Mas os romanos foram um povo que teve a maior compreensão da importância da moral, mais do que os próprios gregos, porque os gregos viram a ética como uma especulação.

Os romanos, ao contrário, pragmáticos e voltados para os costumes que se manifestam no dia-a-dia do nosso viver conhecido e individual, viram os *mores*, os costumes, como uma modalidade de comportamento humano, e aos poucos o enfoque filosófico entre a problemática da ética e da moral vai-se compondo para uma visão de conjunto[19].

---

19. Miguel Reale em Seminário na Secção da OAB de São Paulo, em 22.10.98.

CAPÍTULO XVIII

ÉTICA NA TEORIA DA CONCREÇÃO

1 – Outro problema básico tem sido examinado mais por filósofos do Direito do que por teóricos da ética: "é a chamada teoria da concreção de Cabograf e outros". **O que significa teoria da concreção?** A teoria da concreção significa que é dever do jurista, e mais do advogado enquanto advogado, trazer o caso para sua individualização concreta, não analisando a lei *in abstrato*, não analisando o Direito na sua pura manifestação ideal, mas na sua circunstancialidade, caracterizada pelo sentido de concreção jurídica, que se reflete também no plano das atividades políticas, em que, cada vez mais, se acentua a reação ética contra os abusos perpetrados por contumazes donos do poder e pelos titulares de inexplicáveis privilégios. E aqui a lembrança de Ortega y Gasset: "Eu sou eu e a minha circunstância, e a minha circunstância começa de mim mesmo, da circunstancialidade em que eu estou, do homem que eu sou, daquilo que eu represento na minha circunstância íntima, interior, psíquica, a circunstância que me cerca.

Cada um de nós está numa circunstância, eu sou a minha circunstância, eu sou eu porque nasci em determinada família e trago uma carga genética determinada, levando-se em conta que o sangue é a transmissibilidade dos valores genéticos. Então eu sou eu porque vim de determinada progenitura, e, ao mesmo tempo, eu sou eu porque vim de determinado meio, porque vim de tal cidade, em uma comunidade, em um país, em uma nação, e é por isso que existe uma filosofia alemã, uma filosofia francesa, uma filosofia inglesa, e está surgindo uma filosofia brasileira, porque o universo está sempre ligado a uma circunstância; e a mesma coisa ocorre com o individual do advogado, porque o advogado anda qual a sua circunstância.

O advogado que não tem noção daquilo que o cerca e dos conhecimentos em que está, e dos obstáculos que deve perceber, é um mau advogado, é um advogado que não tem contato com a existência, não tem capacidade de transformar a sua petição ou a sua contestação em um instrumento de vida, um instrumento existencial. Vemos então que a ética do advogado é uma ética existencial, existe para o homem e em razão do homem, existe em razão da criatura humana.

Por quem fomos criados? Nós não sabemos, é um mistério. Somos sempre uma ilha de problemas cercada por um oceano de mistérios, mas o importante é sabermos que na nossa plenitude nós aspiramos a algo que nos transcende, e o advogado também deve ser assim, deve saber que acima da lei está algo que não poderá explicar jamais e nem de maneira plena e definitiva: "é a justiça".

A ética do Direito é, na realidade, a ética da justiça, é aquele momento em que o Direito deixa de ser algo de positivo para ser algo de ideal, como momento de exigência da própria personalidade humana"[20].

Atentando-se para a assertiva de que o Direito é um complexo de normas ou regras originadas nos costumes e desenvolvidas com a evolução social (pela natureza gregária do homem), com o fito de satisfazer o bem comum, tanto se o considerarmos como "ato" (positivo) quanto se o tomarmos como "motivação" (idealismo), não se pode confundi-lo com a Moral (*mores*), que é individual, subjetiva, unilateral, que, emergindo do aspecto anterior (psíquico), regula a atitude individual de si para consigo, oferecendo as condições pessoais para a evolução humana, porque leva a confrontar, entre si, atos diversos do mesmo sujeito.

Surgindo a Axiologia ou Teoria dos Valores no campo da Filosofia, e a Ética como juízo de apreciação de valores referentes à conduta humana, que é suscetível de qualificação do ponto de vista do bem e do mal, a ela cabe a apreciação da Moral e do Direito como valores éticos no campo da Axiologia, assim como os valores humanos, numa "metafísica dos costumes", já

---

20. Miguel Reale no mesmo Seminário.

que pesquisa e se interessa pelos fundamentos últimos do fenômeno moral e investiga, com precisão, o "ser" das normas morais.

O Direito, que é bilateral e surge do aspecto exterior (físico), confrontaria, entre si, atos diversos de vários sujeitos, ou, no mínimo, de dois sujeitos. Visto como uma ética intersubjetiva gerada dos costumes, regula as atitudes dos homens, uns em relação aos outros, oferecendo condições para a realização da ordem social. Por isso é que o Direito se prende à Ética Social, *cujas normas essenciais são as normas jurídicas e cujos deveres essenciais são os deveres jurídicos,* colimando, com seu grande propósito, estabelecer a ética social, chamada, especificamente, de **Ordenamento Jurídico**, no seu sentido de totalidade de preceitos, e caracteriza-se pela **coercibilidade,** que é um de seus traços marcantes e característicos.

Sendo o ser humano o único animal com poder de manipular símbolos — porque a *"simbolização"* é a capacidade de, segundo Leslie White, conferir-se significado a uma coisa ou a um ato, e, também, a capacidade de compreender-se e de apreciar os significados por outrem conferidos às coisas e aos atos —, e sendo o Direito um símbolo que projeta, no contexto extrasomático da Culturologia (estudo das diversas culturas), a figura da justiça como seu objeto, e equivalente da igualdade social, não pode ele ser confundido com a Moral, ainda que seu objeto seja a justiça, que é conceito ético, e não moral, apesar de dela participar.

Dos estudos que Leclercq fez, a respeito do Direito Natural, nossos contemporâneos podem extrair, como têm extraído, que a diferença fundamental entre o Direito e a Moral está expressa e inequívoca no "objeto formal" de cada uma dessas duas matérias. O filósofo estabeleceu, dentro de sua tese, o seguinte:

a) A moral, que se situa, essencialmente, num ponto de vista individual, visa a determinar as regras pelas quais o homem atingirá o seu perfeito desenvolvimento, ou o seu fim;

b) O Direito, que se põe num ponto de vista de ordem social, pretende organizar, através de normas também, a sociedade, e assim propiciar ao homem condições para que ele possa atingir sua perfeição.

Leclercq dá oportunidade para que verifiquemos os grandes pontos de contato entre a Moral e o Direito Natural, sem, contudo, permitir que possamos tomar uma disciplina por outra, ou que possamos ter o Direito Positivo como igual à Moral.

Giusepe Graneris, marchando sobre as pegadas de Aristóteles, dispõe que as diferenças entre o Direito Positivo e a Moral pertencem, logicamente, a três ordens, representadas pelo conteúdo, pela matéria e pela forma de cada uma daquelas disciplinas. Há dessemelhança substancial e formal. E arrola esses três graus da seguinte maneira:

a) Distinção pelo Conteúdo

A Moral rege a vida humana sob o aspecto da Prudência, da Justiça, da Fortaleza e da Temperança; o Direito rege a vida humana tão-somente sob o aspecto da Justiça.

b) Distinção pela Matéria

A Moral rege os atos humanos do ponto de vista de sua Origem; o Direito rege os atos humanos do ponto de vista de sua Realização.

c) Distinção pela Forma

O campo da Moral é o do "dever", ou seja, onde os Imperativos não têm poder de coerção sobre os indivíduos; o campo do Direito é o Ordenamento Jurídico da sociedade, o qual possui o poder de coerção, para que sobreexista e se faça cumprido.

Quando atentamos para a diferença formal, não podemos deixar de indicar um problema de relevância filosófica, introduzido, nos tempos modernos, pela Ideologia da Existência, apesar de não se objetivar propriamente o Direito. Sem dúvida, o interesse dessa teoria está voltado diretamente para a Arte, tal como se encontra, por exemplo, em Carlos Fuentes. Porém, o assunto não deixa de influir sobre outras áreas, **inclusive a do Direito,** de modo particular quando alguns teóricos pretendem mantê-lo dentro dos limites da Arte, como manifestação de habilidades forenses.

Esse pensamento se resume no seguinte:

Não existe, realmente, coerção para obediência à ordem jurídica, porque o homem é livre para escolher seu destino. A faculdade de escolher, contudo, implica, sempre uma renúncia, ou seja, o abandono de um objetivo em favor de outro por que se optou. Ora, todas as coisas, que podem ser escolhidas, estão sujeitas aos princípios da moralidade estabelecida pela sociedade, e, então, o homem, ao escolher essa coisa, renuncia, necessariamente, à sua moralidade pessoal, que é caprichosa, que é variada, segundo sua formação, suas tendências intelectuais e sua cultura.

O homem, todavia, pode rebelar-se contra a "moral social", e seguir a sua "moral individual".Tal atitude cria-lhe uma "responsabilidade" de conduta, faz com que seja responsável por seu procedimento. Se ele, assim, violar a "moral social", sofrerá uma sanção.

O problema essencial não é, pois, de coerção, mas de uso da liberdade de opção, de decisão e de escolha, com a responsabilidade do agente, pessoalmente, pelas conseqüências de não ter ele se submetido à "moral social", e ter passado a agir conforme sua "moral individual".

A sanção não é um fato institucional, mas mera conseqüência da escolha anterior.

O Direito, contudo, considera e abrange todas as ações humanas. Não se interessa, apenas, pelo ato de conduta, quando visto em seu "aspecto externo", ou seja, quando se identifica com o fato perceptível. Busca abraçar o ato humano na sua totalidade, na sua inseparável unidade. Por isso, o Direito se interessa, também, pelo *animus,* ou seja, o "aspecto interior", subjetivo, do ato humano. Assim, a preocupação do Direito é com a "realidade da conduta", compreendendo a Motivação e a Ação como integrantes indissolúveis do comportamento.

"Como o Direito visa à ordem jurídica da sociedade, ele pode limitar não só o 'ato exterior', como ainda o 'ato de vontade', razão pela qual *o realismo do Direito* é o seu Poder de Limitar o Uso do Livre Arbítrio na Conduta Humana." Lembre-se aqui a sentença de Justiniano, de que *"a liberdade não consiste em se fazer tudo o que os indivíduos gostam de fazer, satisfazendo seus caprichos, mas o que se gosta de fazer dentro dos limites do bom e do justo, isto é, dentro dos limites que a lei impõe para que outrem não seja prejudicado".* É o aforismo de que "a liberdade de um termina onde começa a de outrem".

Essa capacidade de "poder limitar" pressupõe, em favor do Direito, a possibilidade de se utilizar dos "Atos de Força', que seriam a Sanção e Coerção, a fim de exigir, eficientemente, o respeito aos valores sociais – que o homem cria e se autodetermina sob o signo desses valores.

Tem, pois, o Direito uma relação de interferência subjetiva com a conduta humana, a qual se manifesta no uso do livre arbítrio para o exercício da liberdade individual, porque tem uma natureza comum que é inerente a todos e a cada um dos seres. A liberdade, dessa maneira, se faz insuperável conteúdo do Direito, ficando presa ao Axioma Ontológico do Direito: "Tudo que não está Proibido está Permitido".

A Teoria Tridimensional do Direito, de Miguel Reale, focaliza o Direito na sua relação interdependente do Fato, do Valor e da Norma, os quais se acrisolam como os fundamentos impostergáveis da ordem jurídica, porque o "Valor" tem o caráter da pesquisa filosófica, o "Fato" é o objeto do estudo da Sociologia e a "Norma" se constitui no elemento técnico-normativo especial do Direito, mesmo porque o Direito não é senão a "norma elaborada pelos homens com o propósito de certos valores", tal como ensina Ricaséns Siches[21].

---
21. Naylor Salles Gontijo.

CAPÍTULO XIX

AUSÊNCIA MORAL E ÉTICA NAS INSTITUIÇÕES

a) Ausência no Judiciário

1 – O descrédito em que se encontra a instituição judiciária brasileira não se deve apenas à sua ineficiência funcional, mas ainda à ausência moral e ética de muitos de seus membros, mostrada com os acontecimentos trazidos a público pela imprensa, por conta do endeusamento em que foi colocado o Judiciário e intocáveis os seus membros, com acobertamento das mazelas há muito ali existentes e conhecidas, e sempre abafadas, mas finalmente rompida aquela visão submissa pelo senador Antônio Carlos Magalhães em ataques abertamente feitos no plenário do Congresso, levantando a bandeira da Comissão Parlamentar de Inquérito para investigação da corrupção nos seus bastidores. Marcando um momento histórico da vida nacional, vimos, pelo menos em tese, cair a máscara desse Poder sem lei que impunemente se sobrepõe à lei sem poder, por ser seu próprio juiz.

Neste artigo de abertura focaliza-se, em primeiro lugar, o **Poder Judiciário**, por ser esta instituição, entre as que estruturam o Estado, a destinada a dirimir conflitos de interesses entre cidadãos que a ela se recorrem, mas nela desgraçadamente se tem visto cada vez mais a formação de grupelhos com envolvimento de juízes, juntamente com advogados e funcionários da justiça, em detrimento da correta atuação a que todos estão obrigados, ficando livres e impunes, porque sabem que não há meio de os constranger a agir dentro de normas morais e éticas, porque livre e quase sempre impune está o magistrado de que nos fala **JOÃO ARRUDA**, **"que frauda a lei** quando quer, porque não há meio de o constranger a interpretá-la de boa fé, sendo impossível vedar que o magistrado iluda habilmente qualquer preceito legal".

Os escândalos vindos a público nos últimos tempos, que há muito se sabia serem apenas a ponta do iceberg que cresceu com a valorização excessiva da figura do juiz, que, tomado pela certeza da impunidade com o crescimento de um espírito de corpo incompatível com a moral e a ética, se utiliza de todo tipo de influência no poder de mando e de decisão, com a formação de um corporativismo nefasto que há muito vinha e continua assolando a sociedade e gerando desesperança, especialmente no cidadão comum, que não participa do jogo do poder nos esquemas montados dentro da máquina judiciária, com envolvimentos escusos de juízes, advogados, políticos e promotores, em detrimento dos direitos da sociedade.

2 – Graças à liberdade de imprensa em que hoje o País vive, é que a sociedade tem tido conhecimento de "alguns" dentre os muitos casos de corrupção no Judiciário, tais como:

A sentença do juiz Haroldo Saturnino de Oliveira, da 33ª Vara Criminal do Rio de Janeiro, absolvendo o ex-deputado Sérgio Naya da responsabilidade pela morte de oito pessoas por desabamento do prédio por ele construído (***Estado*, 26.5.2000)**, com estes trechos da sentença:

"A Sersan era uma má construtora de obras de segunda. Havia também reclamos contra a inércia de Sérgio Murilo Domingues (engenheiro que acompanhava a obra) e contra o descaso e a prepotência de Sérgio Naya. Sem dúvida, um e outro eram desidiosos e o segundo, ardiloso, embusteiro e prepotente. **'Mas o prédio não ruiu por isso'**. E é pelo desabamento que ambos estão sendo julgados."

A divulgação do laudo foi falseada e distorcida.

O Jornal Nacional noticiou de forma desleal as conclusões da prova técnica.

Indenização por Lesão Moral e Prejuízo Material

Quem folhear os diários e periódicos da época ou pesquisar o noticiário transmitido pelo rádio e televisão verá que anteriormente ao inquérito instaurou-se autêntico julgamento pela mídia. A culpa de José Roberto Chendes é insofismável. Ninguém nega a existência de erros generalizados no cálculo dos pilares e de falha grave no detalhamento das ferragens.

– O caso do juiz Agnaldo Cavalcante e do promotor do Estado do Pará, em Porto Calvo, denunciados pela juíza dra. Nirvana, por envolvidos com a prostituição de menores.

– O juiz Sérgio Divino Tavares, de Anápolis, Estado de Goiás, envolvido com recebimento de propinas para liberação de traficantes através de concessão de progressão de pena.

– O caso do juiz Demerval Vidal, em Belo horizonte, que já vinha sendo investigado, envolvido com a liberação de caminhões-tanque, apreendidos com combustível adulterado, à máfia dos combustíveis, em evidente tráfico de influência.

– O caso dos desembargadores do Tribunal de Justiça do Mato Grosso, acusados de ligação com o assassinato do juiz Leopoldo Marques do Amaral, em Cáceres, por denunciar juízes e desembargadores por nepotismo, tráfico de influência, venda de decisões por meio de corretagem, citado o nome do desembargador Athaide Monteiro (*Estado*, 18.9.99).

– Dissipação da fortuna de R$ 30.000.000,00 deixada pelo pai do então garoto Luiz Gustavo Nominato, no inventário sob o comando do juiz Asdrúbal Zola Vasques Cruxen, na Vara de Família de Brasília (*Estado*, 5.5.99);

– A venda de alvarás pelo desembargador Daniel Ferreira da Silva, do Tribunal de Justiça do Amazonas, denunciado pelo Ministério Público Federal, por venda de alvarás para soltura de traficantes de drogas, com a participação da advogada Maria José Minescau.

– O juiz Nicolau Cassiano Neto, no Rio de Janeiro, na posse e uso de veículo apreendido em poder de traficante de droga (Jornal da Record, 12.8.99).

– As doações arbitrárias e criminosas de crianças brasileiras em Jundiaí, pelo juiz Bethovem Giffoni Ferreira, como se fossem mercadorias negociadas a estrangeiros.

– As denuncias contra o ex-presidente do TRT do Rio de Janeiro, José Maria de Mello Porto, por fraude em licitações, superfaturamentos na construção de prédios, venda de sentenças e nepotismo (Estado, 15.9.99), e telefones comprados pelo juiz e o classista aposentado Murilo Coutinho, e pagos pelo Tribunal (Estado, 15.5.99).

– O desembargador Augusto Falcão, do Piauí, denunciado pelo procurador Eduardo Cabral.

– A máfia do INSS no Rio de Janeiro, com o juiz Nestor do Nascimento e a advogada Georgina de Freitas Luiz Escóssia da Veiga (Estado, 2.9.2000), entre muitos outros, apropriando-se de vultosas quantias jamais devolvidas aos cofres da instituição.

– As máfias dos superfaturamentos e desvios de verbas através de construções luxuosas de prédios de tribunais, a exemplo dos ex-presidentes do TRT de São Paulo, Nicolau dos Santos Neto e Delvio Buffolin (Estado, 5.5.99), no desvio de R$ 169.000.000,00, com envolvimento do senador Luiz Estevão, os empresários Fábio Monteiro de Barros e Eduardo Teixeira Ferraz (27.5.2000) e até grilagem de terras da União pelo referido senador (Estado, 31.5 e 3.6.2000), cujos resultados para a sociedade serão certamente os mesmos dos anões do Orçamento:impunidade.

– A acintosa zombaria, assim se pode dizer, do presidente do Tribunal de Justiça da Paraíba, Cunha Loe, ao confeccionar livro de luxo sobre o tribunal ao custo de R$280.000,00, em mais um verdadeiro crime de lesa-pátria contra a pobreza que assola grande parte dos cidadãos brasileiros, especialmente daquele Estado.

– O escárnio ao cidadão alagoano pela cúpula do TRT de Alagoas, concedendo aos seus 37 juízes auxílio-moradia de R$2.000,00 e auxílio-alimentação de R$ 200,00 retroativosa cinco anos, além do prazo de 30 anos(outro escárnio) que lhes foi concedido para devolução (o que jamais ocorrerá) de R$160.000,00 que receberam indevidamente como aumento salarial (Estado, 24.5.2000).

– O escândalo que ainda se revelou com a falta de escrúpulo das próprias cúpulas do STF e STJ, recebendo benesses de empresas públicas e privadas (*Estado*, 7.6.2000), como Ericsson, Nortel, Varig e Transbrasil (até com contratos sigilosos com descontos de 50% em passagens para magistrados e familiares), e do empresário Mário Carneiro, do Grupo Brasilinveste, todos com processos em curso nos referidos tribunais. **É a comprovação do poder do dinheiro sobre a moral e a ética dentro da instituição!**

– O repugnante retrato mostrado pela CPI do Narcotráfico, revelando uma assustadora infiltração de organizações de traf - cantes em todas as esferas do Poder Público: no Judiciário, no Legislativo, em órgãos administrativos e nas polícias em todos os níveis.

– Por denúncia do Ministério Público Federal, no dia 5.12.2001, o Superior Tribunal de Justiça determinou o afastamento do desembargador Paulo Theotônio Costa, de São Paulo, por manipular habeas-corpus para liberar traficante com prisão preventiva decretada, sendo essa apenas uma das muitas formas de como se exerce o tráfico de influência dentro da Justiça (***Folha de S. Paulo***, 14.12.2001).

– E ainda o Desembragador Roberto Haddad, do Tribunal Regional Federal, da 3ª Região, em São Paulo, também denunciado pelo Ministério Público Federal por crime de falsificação de documento público para ocultar sonegação de impostos (***Folha de S. Paulo***, 14.12.2001).

– Em Rondônia, a juíza e ex-presidente do Tribunal Regional do Trabalho Rosa Maria Nascimento Silva foi condenada a devolver mais de R$ 1.000.000,00 desviados da construção do edifício-sede do órgão e da reforma do prédio das varas trabalhistas (***Estado,*** 12.12.2001).

– No fechamento deste trabalho, mais um escândalo de corrupção no Estado do Espírito Santo, envolvendo os juízes Francisco Pizzolante, Ivan Aathié e Ricardo Regueira do Tribunal Regional Federal da 2ª Região (RJ), e o advogado José Francisco Franco de Oliveira (***O GLOBO***, 12.3.2002).

– Tais mazelas aqui apontadas, e muitas outras omitidas pela exigüidade de espaço, e muitas ainda surgirão, revelam a total ausência moral e ética dentro da instituição, impondo à sociedade uma inevitável descrença, ou quase repulsa pela Justiça.

3 – Por força do poder da impunidade na função que exercem, confundem integridade com arrogância e poder com prepotência, sendo isso nada mais que ausência moral para o reconhecimento e correção dos próprios atos e de conduta profissional, causando irreparáveis prejuízos a uns por apaniguamento com outros, indo para o espaço a moral, a ética e a lei, num induzimento ao exercício da justiça pelas próprias mãos, entendida essa ausência moral e ética como incapacidade de autocrítica, em todas as esferas.

Daí termos uma instituição falida, cancerosa, que se tem colocado na vala comum da improbidade, e sem a qualidade funcional de que a sociedade precisa e a que tem direito, além do seu alto custo sem devolução do benefício correspondente, por cara, lenta e deficiente, mas cujos membros não se descuram de aumentar seus salários a níveis imerecidos.

Tais desmandos são fruto da independência financeira que a Constituição de 1988, "dita cidadã", concedeu ao Judiciário.

Em experiências vividas em ações de falência na comarca de São Bernardo do Campo, o autor deste trabalho enfrentou degradantes situações, protestando e denunciando com veemência o desvio de bens das massas falidas junto aos juízes que conduziam tais processos, e, por estarem comprometidos com os advogados Rodolfo Alonso Gonzalez e Antônio Tadeu Meira Pimentel, resistiam no mais alto grau de irresponsabilidade contra os inúmeros pedidos de destituição dos síndicos, por compadrio, pois os credores nomeados síndicos eram apenas testas-de-ferro, e sequer tinham seguimento os inquéritos para apuração de responsabilidades, alheios que sempre estiveram aos mais comezinhos princípios éticos para favorecimento de interesses escusos.

Este mecanismo de há muito é conhecido nas ações de falência.

Casos houve em que o síndico vendeu, por contrato particular, com anuência do promotor e do juiz, o patrimônio imobiliário da massa falida no curso do processo, com expedição de alvará e lavratura da escritura.

São engrenagens que se formam sob o amparo da toga, acrescidas da indústria em que se transformaram as perícias nas indenizações milionárias em desapropriações de terras, numa cadeia de cumplicidades, e das citações dependentes de propina adicional para serem cumpridas ou descumpridas, a exemplo das delegacias de polícia, e que ninguém consegue desmontar, a menos que se acabe com os inquéritos policiais, passando a investigação criminal para o Ministério Público ou formando o juizado de instrução, já sugerido pela ex-juíza Denize Frossard, bem como criando-se o Controle Externo do Judiciário nos âmbitos federal e estadual, formado por membros indicados pela OAB, e para onde seriam encaminhadas as denúncias e então responder-se aos anseios da sociedade, como bem disse o ministro Sálvio de Figueiredo, em entrevista ao *Jornal do Advogado*, em Belo Horizonte, ed. 147 (novembro de 1995), que defendeu a criação de um Conselho Nacional com poderes para declarar a perda de cargo de juiz, "não só nos casos em que a Constituição prevê, mas também nas hipóteses de desídia e má conduta", e o desembargador baiano Moacyr Pitta Lima em pronunciamento feito no Tribunal de Justiça (*Jornal do Brasil*, 5.5.95).

Por tais e quais outras razões é que na Justiça muitas vezes vence quem não tem razão, quer pela desídia do magistrado ou pela conduta inescrupulosa do advogado contratado, que ao juiz pouco importa tanto quanto a própria OAB.

Mas não é só! Outros ainda virão.

A corrupção e a chicana oficializada no arrasta-pé da Justiça, com a indústria das liminares (***Estado,*** 22.5.99), e das famigeradas Medidas Cautelares de Sustação de Protesto, e despachos errados ou incompletos que já saem prontos dos cartórios e assinados por juízes desidiosos que se ausentam do exame detido dos autos, causam aos credores mais prejuízo que os Naji Nahas da vida às bolsas de valores ou cada um dos anões do Orçamento, juntamente com os Nestores do Nascimento e as Georginas de Freitas na previdência social, e os Pedros Dinizes e Nicolaus da justiça trabalhista.

Muitas vezes mais que os causados às vítimas do naufrágio do Bateau Mouche ou às do Shopping Center Osasco, ou ainda às vítimas dos prédios que desabaram pela má qualidade da construção e do seu proprietário e ex-deputado Sérgio Naya, que ainda zombou de suas vítimas, exibindo-se em hotel de luxo de sua propriedade na cidade de Orlando, nos Estados Unidos, em vibrante filmagem de fim de ano, "pelo poder da impunidade", exigindo taças de rico, por serem de pobre as que lhe foram trazidas para servir o champanhe.

Este mar de lama, que sempre existiu e vem sendo revelado pela imprensa após a Constituição de 1988, mostra a premente necessidade de higienização do Judiciário. Daí dizer com propriedade o ministro Luiz Gallotti que "os tribunais não podem ter o monopólio do poder disciplinar de seus próprios membros e juízes a eles subordinados".

Há mesmo que se deixar claro que a morosidade da Justiça não se deve, "em absoluto", ao volume de processos como se costuma apregoar, mas à sua ineficiência, "gerando favorecimento ao devedor inadimplente malicioso e ao delinqüente", sempre mais protegidos que o credor e a vítima.

Neste cenário, ainda surgem juízes que se dizem ofendidos com a reação do advogado, que não se curva diante de seus desmandos e acintosas provocações na condução de determinados processos, com despachos e decisões favorecedores de interesses escusos, "inconfessáveis", quando deviam ter em mente que na tríade (juiz, promotor e advogado) têm nas mãos a sorte da liberdade, da honra e do patrimônio alheios, pois certamente é doloroso e vergonhoso a exposição das entranhas cancerosas de um dos Poderes que sustentam a organização do Estado, quando nele se formam grupos compadrinhados que se utilizam da instituição para enganar e burlar a lei, às vezes da forma mais vil, imoral e desprezível, a exemplo dos escândalos já conhecidos, entre outros tantos, em todas as instituições.

E vendo transformar-se em castelo de areia seu medíocre castelinho de marfim, onde ocultam seus narcisismos juizíticos, valem-se da dita Ação de Dano Moral para reparação de uma lesão que jamais existiu, obtendo imorais resultados financeiros com julgamentos feitos por seus próprios pares, em cujo espírito de corpo se protegem e escondem as mazelas cometidas sob o amparo da toga, esquecidos da nobre profissão que antes exerceram – a advocacia –, se é que a exerceram com a dignidade necessária ao seu enriquecimento.

Buscam nos outros a verdade quando inquirem, mas mentem descaradamente quando são inquiridos, por falta de honra e um mínimo de senso ético.

4 – Embora com o muito ainda a se fazer, a OAB, como que saindo de sua inércia e meditando na responsabilidade que lhe cabe no enfrentamento do jogo do poder sem limites, fez inserir na Carta Política de 1988 o Instituto dos Advogados Brasileiros, conferindo-lhe a expressão e importância devidas no tripé da distribuição da Justiça, com a magistratura e o Ministério Público, entendida a justiça...

"como ação do Estado na solução dos conflitos de interesses, buscando no cumprimento dos deveres a base da pretensão de direitos.

Simbolizada na mitológica deusa grega, sustenta numa das mãos a balança com que pesa os direitos e os deveres, e na outra a espada, com que recompõe os interesses contrapostos".

Afinal, não se constrói uma nação, nem se distribui justiça, com as próprias autoridades se ausentando dos mais comezinhos princípios morais, agredindo a ética, a lei e o direito, abraçadas ao espírito de corpo – este personagem oculto que conspurca a moral e faz ruir as instituições.

Como escrevera Rui Barbosa em sua memorável *Oração aos Moços*:

"Nada se leva menos em conta a uma boa fé de ofício, que o vezo de tardança nos despachos e sentenças. Os Códigos se cansam debalde em os punir. Mas a geral habitualidade e a conivência geral o entretêm, inocentam e universalizam. Destarte se incrementa e demanda ele em proporções incalculáveis, chegando as causas a contar a idade dos lustros, ou décadas, em vez de anos. Mas justiça tarda não é justiça, senão injustiça qualificada e manifesta. Porque a dilação ilegal nas mãos do julgador contraria o direito das partes, e, assim, lesa o patrimônio, honra e liberdade. Os juízes tardinheiros são culpados, que a lassidão comum vai tolerando. Mas sua culpa tresdobra com a terrível agravante de que o lesado não tem meio de reagir contra o delinqüente poderoso, em cujas mãos jaz a sorte do litígio pendente".

Nos tempos atuais, coube ao senador Antônio Carlos Magalhães, com a sensibilidade do verdadeiro político, em face das agruras da sociedade ante um Judiciário desacreditado, e com a coragem mostrada em seu primeiro pronunciamento no Senado atacando os escândalos do Judiciário, que assim se pronuncia: "Às vésperas do terceiro milênio, chegou a hora de enfrentá-los de frente. Não abandonarei esta luta enquanto não obtiver os resultados que a sociedade deseja".

Tal papel compete essencialmente à Ordem dos Advogados e a cada um individualmente, para que a classe também retome a credibilidade perdida nos últimos tempos.

A extinção da vitaliciedade seria boa medida numa eventual reforma do Judiciário, impondo-se maior rigor na conduta do magistrado.

É preciso que haja maior conscientização de que a investidura do juiz não o autoriza a imbuir-se do fetichismo da intocabilidade para cometer toda sorte de arbitrariedades e desmandos, propiciando acobertamento de irregularidades processuais e administrativas em proveito próprio ou de terceiros, e, por isso mesmo, quando a lei protege o funcionário público no exercício de suas funções, não está a lhe dar cobertura no desvio dessas mesmas funções.

Ao contrário, para que seja protegido no exercício de suas atividades, exige-lhe o cargo postura, decoro e bom senso, porque todo e qualquer cidadão tem o direito de reagir contra qualquer funcionário, qualquer que seja a sua categoria, que não cumpra com correção o seu mister, sendo essa a sua obrigação para com a sociedade, que não pode ficar à mercê dos desmandos em benefício de grupelhos que se formam dentro da máquina judiciária, há muito noticiado pela imprensa, como os artigos do jornalista Márcio Moreira Alves, entre outros, que cobriu os trabalhos no Congresso Nacional pelo jornal O Estado de S. Paulo, por ocasião da CPI da corrupção, como ficou conhecida, artigos bastante expressivos, quando a sociedade viu caírem, pela primeira vez na história deste país, alguns biombos que cobriam as mais degradantes manobras com dinheiro público, já adiantando os novos escândalos do Judiciário, que iriam abalar ainda mais sua credibilidade perante a sociedade, causando-lhe perplexidades jamais imaginadas, tal o nível de decadência moral mostrada pelos fatos vindos a público.

Escreveu o referido jornalista:

"O Judiciário é polícia de si mesmo, sendo essa ineficiência do policiamento considerada produto de um corporativismo que cria uma rede de cumplicidade, sobretudo no âmbito estadual. Uma investigação da Receita Federal sobre o aumento do patrimônio de certos meritíssimos poderia revelar acirrada competição com os anões do Orçamento João Alves e O Manoel Moreira. No entanto, até hoje nada foi feito" (27.11.93).

"O clima no Congresso e na nação é favorável a eliminar o autoritarismo olímpico do Judiciário. E a investigar as falcatruas que nele tenham sido cometidas, o que ocorrerá através do controle externo do Judiciário" (18.12.93).

Com o controle externo a ser implantado, espera-se eliminar o famigerado espírito de corpo sempre usado como escudo, que em muito extrapola os limites de proteção que deve ter o juiz no exercício da judicatura, para formação de sua livre convicção, dispensando-se maior rigor aos critérios éticos a que está obrigado o magistrado, como qualquer outro funcionário público ou profissional de qualquer outra atividade, "já que não existe um Código de Ética", e não permaneça a solidariedade cega e irresponsável em prejuízo da qualidade da administração da justiça.

Como bem disse Rudolf von Ihering:

"A idéia de justiça é inseparável da idéia de responsabilidade. Quando o arbítrio e a ilegalidade se aventuram a levantar a cabeça, é sempre um sinal certo de que aqueles que tinham por missão defender a lei não cumpriram o eu dever" (A Luta Pelo Direito).

Lembremo-nos ainda dessa passagem que nos legou Rui Barbosa:

"Os tiranos e os bárbaros tinham, por vezes, mais compreensão da justiça que os civilizados de hoje. Haja vista a história, que nos conta um pregador do Século XVII: A todo que se faz pessoa de juiz, ou ministro, dizia o orador sacro, manda Deus que não se considere na parte a razão de seu próximo (Levítico, XIX, 15)... Bem praticou essa virtude Canuto, rei dos vândalos, que mandando justiçar uma quadrilha de salteadores, e pondo um deles embargo de que era parente de del-Rei, respondeu: 'Se provar ser nosso parente, razão é que lhe façam a forca mais alta' " *(Pe. Manoel Bernardes, Sermão, parte I, 263-4).*

b) Ausência no Executivo e Legislativo

Tal como na instituição judiciária, nos Poderes Executivo e Legislativo tem a sociedade assistido às mais degradantes situações, como a deposição do presidente Fernando Collor de Mello e alguns de seus próprios cassadores e principais membros do Legislativo federal, o que, sem dúvida, deu a medida do que sempre ocorreu e continua ocorrendo no resto do País, e nisto o noticiário tem sido farto no que respeita a Estados e municípios e o poder corporativo no domínio das estatais, servindo de palanque aos políticos, cabide de emprego e corrupção, enquanto se continua assistindo à mortalidade de recém-nascidos nos mais variados municípios e até nos hospitais públicos, antes do primeiro ano de vida, pela incúria das autoridades na escala decrescente da hierarquia.

Graças à imprensa livre, vieram a público novos escândalos, com envolvimento dos ex-senadores Luiz Estêvão e Jader Barbalho, este presidente da mais alta corte do Legislativo, mergulhados também num lamaçal de corrupção na Sudam e na Sudene, que foram encerradas pelo governo federal.

E ainda os **anões do Legislativo mineiro,** outro escândalo vindo a público, em 2001, roubando os cofres públicos com seus altíssimos, escandalosos e acintosos salários, entre R$ 60.000 e R$ 90.000, num Estado que tem no Vale do Jequitinhonha um dos maiores bolsões de pobreza do País.

Por toda a incúria das autoridades é que o crime organizado se alastra como erva daninha por todos os cantos do País.

Cabe destacar outro escandaloso caso, o do pedreiro analfabeto Severino da Silva, que passou nos vestibulares para os cursos de Direito e de Letras das Universidades Estácio de Sá e Gama Filho, do Rio de Janeiro.

Enquanto isso, a sociedade continua assistindo às baboseiras de seus políticos insensíveis ao aumento de meninos e meninas de rua à mercê da violência, do tráfico de drogas e da prostituição, outro Poder sem lei a dominar a Lei sem poder, enquanto são sustentados e engordados os fundos de pensão dos congressistas e das estatais com o dinheiro que deveria ser destinado à saúde, escola e ao combate ao crime – hoje mais poderoso que o policiamento –, não se podendo deixar de apontar os privilégios do funcionalismo público com as brechas deixadas na legislação, até com pensão hereditária para filhas solteiras de congressistas, a partir de 25 anos, mais uma vergonha de nossos políticos, e assim responsáveis pelo rombo maior da previdência pública, que, no ano 2000, com 1.500.000 de aposentados, gera um rombo de R$ 40.000.000,00 pela orgia das aposentadorias milionárias, enquanto 15.000.000 de aposentados da iniciativa privada produzem um rombo de R$10.000.000,00, e ainda a acintosa desigualdade com o que recebem o professor de primeiro grau e o policial, obrigado a enfrentar a morte no combate ao crime, ou então a ele se juntando, como tem sido noticiado.

A humilhação dos que vivem ou morrem nas filas do INSS ou nas portas dos hospitais, com a conivência dos legisladores em todos os níveis, com excessivo número de representantes em verdadeiro cabide de emprego, a exemplo dos 513 deputados para 27 Estados (se comparado com os Estados Unidos, com 434 representantes de 50 Estados), que, contudo, não se esquecem de rechear os próprios bolsos, e de sua parentalha, através do vergonhoso nepotismo institucionalizado, com os mais falaciosos argumentos, chegando aos esquemas rasteiros das prefeituras, com envolvimento de prefeitos, deputados e vereadores corruptos com camelôs, como as ocorridas em São Paulo, Guarulhos, Blumenau, e tantos outros em todos os quadrantes do País.

A tal ponto chegou a ausência moral e ética nas administrações, que a única forma de começar o seu combate "seria" a extinção das câmaras municipais, passando a administração a ser exercida diretamente pelo prefeito com seu secretariado, especialmente com o prefeito tendo sob sua responsabilidade direta a administração das regionais, onde estas existam, como no caso da comarca de São Paulo, e com isso livrando-se a administração dos cabides de emprego e dos políticos corruptos que assolam as populações mais carentes dos municípios. Seria, não fosse a existência de prefeitos corruptos, como Néfi Talles, de Guarulhos, e Décio Nery de Lima, de Blumenau, que juntos com seus comparsas nada produzem, a não ser criminosamente em seus próprios interesses.

A extinção seria uma das grandes medidas de economia para o contribuinte, a exemplo da extinção do famigerado corpo de vogais da Justiça do Trabalho, mas cuja substituição deu lugar a outra espécie de máfia: a máfia das comissões de conciliação, por quem o empregado passou a ser explorado com cobrança de comissão. Vivemos no país das máfias!

Ainda outros casos, como os dos deputados Hildebrando Pascoal e José Gerardo, como comandantes de quadrilhas de pistoleiros civis e militares e traficantes de drogas no pobre e quase miserável Estado do Acre (*Estado*, 22.9.99);

– O do coronel Correia Lima, da polícia militar do Piauí, que com toda mordomia e de dentro da prisão continua comandando o crime organizado, com planejamento de assassinatos e assaltos à rede bancária;

– O dos grandes ruralistas que pleiteiam o perdão de suas dívidas ao custo do sacrifício dos contribuintes, já sobrecarregados de uma avalanche de impostos;

– As absurdas e escusas verbas de gabinete com que se aumentam os salários de deputados e vereadores (em São Paulo deputados recebem R$12.000,00), as afrontosas aposentadorias precoces com oito anos de mandato, escarnecendo a sociedade do alto de suas sinecuras, especialmente o cidadão comum que constrói as riquezas deste país quase no anonimato, e ainda com uma enxurrada de outros privilégios imorais de que a sociedade é pagadora, como os 15 salários que se atribuem ao legislarem em causa própria, bem como as polpudas remunerações pelas ditas "convocações extraordinárias", para o que já deveriam ter feito no curso do ano legislativo e não o fizeram por simples politicagem, em prejuízo da sociedade.

Demagogicamente, os políticos concederam ao menor de 16 anos o direito de voto, mas não se pejam da falta de perspectiva dessa mesma juventude no mercado de trabalho, formando, na melhor das hipóteses, legiões de pés descalços e bóias-frias fugitivos da mais antiga indústria dos nossos políticos, qual seja, a indústria da seca, falada sempre, mas nunca solucionada, esquecida que sempre fora pela ganância dos que ocupam postos de poder, mas verdadeiros indigentes morais, escatófagos da corrupção, mantendo as aposentadorias milionárias do serviço público, na contrapartida dos miseráveis da previdência privada.

Somam-se a tudo isso os escândalos dos precatórios em todo o País, e outras vergonhas mais, **como a criação de municípios sem a menor condição de existência independente,** discutindo-se mais regimento interno e presidências de comissões para este ou aquele partido, **enquanto o Movimento** revolucionário, dito Sem Terra, afrontando e derrubando o direito de propriedade, impondo fuga à força policial quando tenta cumprir ordem judicial em reintegração de posse (Estadão,16.02.2002), "como mais um Poder sem lei a sobrepor-se à Lei sem poder", porque serve a interesses escusos de políticos e partidos, com objetivo apenas de alcançar o poder.

Por essas e tantas outras aberrações é que a sociedade já não acredita nas instituições, e ao Estado faltam sempre recursos para o cumprimento de suas funções básicas, como educação, saúde e segurança, como direitos inalienáveis dos cidadãos.

Na política, prevalece a ética do interesse pelo ganho fácil, no jogo fisiológico e corporativista, e não a ética do interesse pela qualidade de vida da sociedade, especialmente das camadas mais carentes dessa mesma sociedade.

Sendo a ética norma de proceder retamente e expressão externa da moral, eis o inverso neste retrato 3X4 das instituições brasileiras, não propriamente por falta de um Código de Ética, mas por falta de vergonha de seus componentes.

Como nos dá notícia o médico Drauzio Varella, em seu livro *Estação Carandiru*, no cárcere do Carandiru o processo ético é regido por um Código Penal não escrito, mas aplicado com extremo rigor, onde ninguém conhece a moradia da verdade, o crime jamais prescreve e o desrespeito é punido com desprezo social, castigo físico ou pena de morte. E camiseta-propaganda de político ninguém usa, "porque pega mal no ambiente". E no gabinete de um dos diretores, uma placa dizendo: "É mais fácil um camelo passar pelo buraco de uma agulha do que um rico entrar preso na Casa de Detenção". Tudo isso é deveras preocupante diante da corrupção e violência dentro das corporações policiais, trazidas a público pela imprensa *(Estado,* 15.12.2001).

Mas a rádio CBN noticiou, no dia 16.1.2002, que ainda permanecia preso em Peruíbe o pobre que roubara um sorvete.

Tal como no Carandiru, também nos bastidores da justiça e da política ninguém conhece a moradia da verdade, para trazê-la a público. Ao contrário do Carandiru, ali o crime prescreve para os criminosos do colarinho branco.é o que mais uma vez se constata com o que disse o próprio investigado e renunciante senador Jader Barbalho, ao alegar que não poderia ser condenado pelos desvios de recursos do Banpará, ocorridos antes de sua chegada ao Senado, na véspera de abertura do processo de cassação de seu mandato pela Comissão de Ética e Decoro Parlamentar do Senado.

Igual atestado de inidoneidade moral foi emitido por outros membros do Senado, no seu Conselho de Ética, entre eles, Carlos Patrocínio e o próprio presidente do Conselho, Juvêncio da Fonseca, quando do vergonhoso arquivamento do processo por quebra de decoro parlamentar contra outro de seus comparsas, o senador Luiz Otávio, indiciado pela Polícia Federal por crime contra o Sistema Financeiro, antes de se tornar senador.

Como lembrado alhures, então presidente da Câmara dos Deputados, o deputado Luiz Eduardo Magalhães às vezes contemplava desolado da tribuna o plenário vazio e constatava: **não há o menor risco de melhorar.**

Ao que parece, melhor seria a substituição da ética das instituições pela ética do Carandiru.

Em oração de paraninfo, pronunciada em 8 de dezembro de 1956, na solenidade de colação de grau dos bacharéis da Faculdade de Direito da Universidade da Bahia, eis um trecho do discurso de NELSON DE SOUZA SAMPAIO:

"Refinados espertalhões, improvisados de estadistas, pensam progredir, desse modo, na arte de governar, que, entre nós, tem sido, quase sempre, uma técnica de conseguir odiosos privilégios pessoais, de grupo ou de família, invocando o nome do povo. Antigamente, a espoliação vinha de fora, da metrópole colonizadora. Depois, a metrópole se interiorizou, mas ainda perdura até hoje no espírito de corte, com o brilho falso dos salões, cercados de grande penumbra para não deixar ver as mazelas das dependências. O quadro continua vivo no contraste entre a pobreza do interior e o fausto das capitais, símbolo maior é Copacabana (hoje o cenário é bem mais amplo), atrás de cujas resplandecências se escondem os milhões de párias, pés descalços, maltrapilhos, doentes, desnutridos e analfabetos.

Pior do que a chocante desproporção desses extremos é o exemplo desmoralizador em que se comprazem os que ocupam, neste país, os cimos da fortuna e do poder. A imprevidência, o epicurismo, a alergia ao trabalho, a aversão ao esforço continuado, o esnobismo, o gosto pela ostentação, a caça às sinecuras, o fascínio pelo ganho fácil, o espírito de especulação, a atração pelo privilégio pessoal e de família são vícios inveterados de nossas classes dirigentes. Mas, agora, eles parecem ampliados e multiplicados sob mil formas, nesta fase de objeção de nossa vida pública, que se torna mais alarmante por coincidir com nossa expansão econômica, com o crescimento da intervenção governamental no mundo dos negócios, e com a enxurrada avassaladora da inflação.

Um maremoto de corrupção parece inundar tudo, deixando apenas, como ilhas solitárias, alguns pontos mais elevados de dignidade e compostura. Nessa aluvião de lodo, que subverte os valores e desanima os espíritos sérios, a seleção se faz pela audácia na esperteza. Alguns eufóricos amorais levam a sua desventura ao ponto de ostentar na testa, como coroa de aviltação demagógica, os mais vergonhosos slogans que a história política registra. Outros pavoneiam a sua euforia por toda parte, com gestos que parecem traduzir as palavras dos Fogos-Fátuos de Goethe:'Viemos do pântano, onde nascemos, mas, nem por isso, deixamos de ser, na dança, os esplêndidos galãs'.

Ninguém possui o direito de ignorar as conseqüências que podem advir a um povo quando os miasmas do amoralismo afetam, assim, uma democracia.a advertência já fora feita, em termos clássicos, por Montesquieu, ao dizer que, 'os vícios do príncipe passam com ele e podem ser compensados por um sucessor melhor. Nada, entretanto, detém a corrupção de uma república'. É que, a seu ver, a base dessa forma política é a ordem moral, residindo no que ele chama de 'virtude', entendida como virtude cívica, patriotismo ou espírito público. 'Quando ela falta', – acrescenta – 'a ambição entra nos corações que podem percebê-la, e a avareza penetra em todos. ... Outra, a riqueza dos particulares fazia o tesouro dos cofres públicos; agora, porém, o tesouro público se torna patrimônio dos particulares. A república é um despojo, a sua força não é mais do que o poder de alguns cidadãos e a licenciosidade de todos'.

Diante de tão sombrio quadro, é natural que homens de bem e de inteligência se convençam de que, no Brasil de hoje, há um divórcio entre a legalidade e a moralidade. Dessa verificação é que surge o estado de espírito responsável pela perplexidade nacional em que vivemos. Parece-lhes suspeita uma legalidade que é invocada até pelos mais confessos coveiros das liberdades públicas e da pluralidade de partidos. Desconfiam que aqueles que mais trazem nos lábios o nome da lei são os que mais a estão traindo no coração e conspirando contra todo direito que se oponha à sua sede de mando. Desencanta-os uma República dos aproveitadores, dos espertalhões, dos sabidórios, dos negocistas, dos 'hábeis' "(A Arte de Ser Livre, 1957 – Livraria Progresso – Salvador.

Antes, já dissera Rui Barbosa em seu discurso como paraninfo dos bacharelandos de 1920, na Faculdade de Direito de São Paulo, lido pelo Dr. Reinaldo Porchat na solenidade de 29 de março:

"De tanto ver triunfar as nulidades, de tanto ver prosperar a desonra, de tanto ver crescer a injustiça, de tanto ver agigantarem-se os poderes nas mãos dos maus, o homem chega a desanimar-se da virtude, a rir-se da honra, a ter vergonha de ser honesto".

Bibliografia

PADOVANI, Humberto e CASTAGNOLA, Luiz. **História da Filosofia.**
DURANT, Will. **História da Filosofia.**
Kant, Emanuel. **Crítica da Razão Prática.** Tradução de Afonso Bertagnoli.
BITTAR, Carlos Alberto. **Os Direitos da Personalidade.**
CUPIS, Adriano de. **Os Direitos da Personalidade,** Lisboa.
FRANÇA, Rubens Limongi. **Jurisprudência da Prescrição e da Decadência.** à Ciência do Direito.
FRANCO, Divaldo Pereira. **O Homem Integral.**
GONTIJO, Naylor Salles. **Introdução à Ciência do Direito.**
LEAL, Antônio Luiz Câmara. **Da Prescrição e da Decadência.**
LECLERC, Jacques. **Do Direito Natural à Filosofia.**
MARITAIN, Jacques. **Introdução Geral à Filosofia.**
NETO, Antônio Luiz Machado. **Sociologia Jurídica.**
ROHDEN, Huberto. **Porque sofremos.**
SCHOPENRAUER, Artur. **Livre Arbítrio.**
SZANIAWISKI, Elimar. **Direitos da Personalidade e sua Tutela.**

Impressão e Acabamento
Com fotolitos fornecidos pelo Editor

EDITORA e GRÁFICA
VIDA & CONSCIÊNCIA

R. Agostinho Gomes, 2312 • Ipiranga • SP
Fonefax: (11) 6161-2739 / 6161-2670
e-mail: grafica@vidaeconsciencia.com.br
site: www.vidaeconsciencia.com.br